Sophus Tromholt
Streichholzspiele

Sophus Tromholt

Streichholzspiele

Überarbeitet von Kai Kilian

Anaconda

Die Deutsche Nationalbibliothek verzeichnet diese Publikation in der Deutschen Nationalbibliographie; detaillierte bibliographische Daten sind im Internet unter http://dnb.d-nb.de abrufbar.

Umschlaggestaltung: dyadesign, Düsseldorf, www.dya.de
Satz und Layout: GEM mbH, Ratingen
Printed in Czech Republic 2007
ISBN 978-3-86647-092-7
info@anaconda-verlag.de

Vorwort zur ersten Auflage

Das Streichholz als ein kleines, gar winzig Ding
man kennt,
Gewöhnlich nur beachtet, wenn sterbend es verbrennt;
Und doch birgt es bescheiden der Unterhaltung viel,
Vermag den Geist zu schärfen, regt an zu heiterm Spiel.

Ich wünsche Dir zu zeigen, was in dem Dinge steckt,
Und wie man aus dem Streichholz manch lust'gen
Holzstreich weckt;
Drum habe ich gesammelt und in das Buch gebracht,
Was ich von andern lernte, was selber ich erdacht'.

Das Büchlein wandre munter nun in die weite Welt
Und suche dort sich Freunde, wo Spiel und Scherz gefällt;
Aus jeder frohen Stunde, die es bereiten kann,
Wird eine frohe Stunde für den, der es ersann.

Dresden, August 1889. *Sophus Tromholt*

Vierte Auflage

Das Büchlein schnell erreichte, was ich ihm wünscht'
als Ziel:
Gar viele fanden Kurzweil und Freud' am Streichholzspiel;
Zum viertenmal nun wandert es in die Welt hinaus –
Mög' es noch Einkehr halten als Freund in manches Haus!

Frankfurt a. M., November 1890. *S. T.*

Erst erkenn's,
Dann verbrenn's.

Streichholzspiele

1 7 Streichhölzer sind umzulegen, so daß 4 Quadrate entstehen.

2 Auf einem Schiff befinden sich 20 Mann, unter ihnen ein Narr. Wegen Mangel an Nahrungsmitteln muß einer der Mannschaft über Bord geworfen werden. Jeder siebente soll ausgezählt werden und ist frei; derjenige, der dabei zuletzt zurückbleibt, muß sterben. Der Narr (der durch ein umgekehrtes Streichholz bezeichnet wird) kann sich in die Reihe stellen, wohin er will. Wie muß man die Auszählung anfangen, damit der Narr zuletzt übrigbleibt?

3 2 Streichhölzer sind umzulegen, so daß 5 gleich große Quadrate entstehen.

4 16 Streichhölzer sind fortzunehmen, so daß 1 Quadrat und 4 gleich große Sechsecke entstehen.

5 3 oder 4 Streichhölzer werden auf die in den Figuren angegebene Weise vereinigt. Die freien Enden ruhen entweder auf dem Tisch oder z.B. auf drei oder vier Gläsern. Die kleinen Gestelle besitzen eine solche Stärke, daß sie z.B. ein schweres Glas und dergleichen zu tragen vermögen.

Ähnliche Gestelle können auch von 5, 6 und mehreren Streichhölzern gebaut werden; benutzt man viele Streichhölzer dazu, werden sie oben einen Kreis bilden.

Diese Gestelle können auch umgekehrt gebaut werden, so daß die kurzen Enden auf dem Tisch ruhen, während die langen frei in die Höhe gehen.

Ein jeder, der ein solches Gestell sieht, ohne es je gebaut zu haben, wird es als etwas außerordentlich Leichtes erklären, ein solches herzustellen; versucht er es aber, ohne ein Vorbild vor Augen zu haben, wird es ihm sehr viel Mühe machen.

Die beiden zuerst erwähnten Gestelle, besonders das aus 4 Streichhölzern bestehende, können nach demselben Prinzip weiterentwickelt werden. Man baut neben dem ersten Gestell ein ähnliches, nimmt aber hierzu eins der schon im ersten Gestell verwendeten Streichhölzer. Fährt man hiermit stets in derselben Richtung fort, erhält man ein langes, brückenähnliches Gestell. Man kann aber auch Gestelle *um das zuerst errichtete herum* bauen, und fährt man damit fort, werden nach und nach sämtliche inneren, auf dem Tisch ruhenden Streichhölzer auf andere Streichhölzer hinaufgehoben und von diesen getragen, so daß man ein schwach gewölbtes Gerüst erhält. Bei der Bildung dieser komplizierten Gestelle muß man indessen mit großer Vorsicht vorgehen.

6 a) 2 Streichhölzer sind umzulegen, so daß 7 gleich große Quadrate entstehen.
b) Hiervon sind 2 Streichhölzer fortzunehmen, so daß 5 Quadrate übrigbleiben.

7 Ein Mann erhielt 40 Flaschen Tokajer geschenkt. Da er seinem Diener nicht traute, stellte er die Flaschen in seinen Keller auf die hier angegebene Weise, so daß er auf jeder Seite immer 11 Flaschen zählte. Der Diener stahl jedoch nach und nach 4, 4, 4, 4 und 2 (im ganzen 18) Flaschen, ohne daß der Eigentümer es bemerkte, indem dieser fortwährend 11 Flaschen auf jeder Seite zählte. Wie hat der Diener es gemacht?

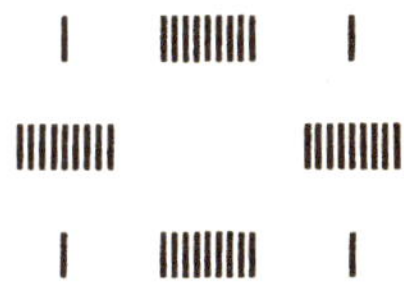

8 Diese 22 Streichhölzer sind so umzulegen, daß sie ein 3mal so großes Rechteck bilden.

9 15 Streichhölzer liegen in einer Reihe. Sie sollen nun in 5 Haufen mit 3 Streichhölzern in jedem Haufen gesammelt werden, indem man bei der Umlegung jedesmal über 3 Streichhölzer hinwegspringt.

10 8 Streichhölzer sind fortzunehmen, so daß 4 gleich große Quadrate übrigbleiben.

11 9 Ställe liegen in einer Reihe. Nr. 5 ist leer, in 1, 2, 3 und 4 sind 4 schwarze Pferde (Einpfennigstücke), in 6, 7, 8 und 9 vier weiße Pferde (Fünfpfennigstücke). Nun sind die weißen Pferde nach den Ställen 1, 2, 3 und 4, die schwarzen nach 6, 7, 8 und 9 zu bringen. Dabei darf nicht mehr als 1 Stall übersprungen werden, und kein Pferd darf wieder rückwärts gehen; ebensowenig darf mehr als 1 Pferd auf einmal in einem Stall sein. Begonnen wird mit einem weißen Pferd. 24 Züge sind erforderlich.

12 16 Streichhölzer sind fortzunehmen, so daß 12 gleich große Quadrate übrigbleiben.

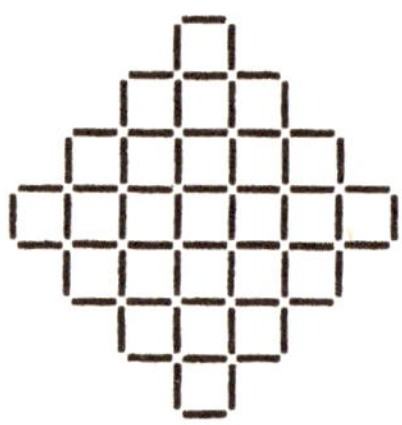

13 Mit 6 Streichhölzern ist ein Sechseck mit vier spitzen Winkeln zu bilden.

14 Aus 13 Streichhölzern ist ein Ei zu bilden.

15 36 Streichhölzer sind fortzunehmen, so daß 2 Quadrate entstehen. (Zwei Auflösungen.)

16 Mittels 4 Streichhölzern bildet man einen Graben, dessen Breite ein wenig größer als die Länge eines Streichholzes ist. Wie kann man nun aus 4 Streichhölzern eine sichere Brücke über diesen Graben bauen?

17 14 Streichhölzer sind fortzunehmen, so daß 6 gleich große Quadrate übrigbleiben.

18 Mit 2 ganzen und 2 halben Streichhölzern ist ein Viereck zu bilden, welches von einem Streichholz in 3 Dreiecke geteilt werden kann.

19 4 Streichhölzer sind fortzunehmen, so daß 5 Quadrate entstehen.

20 Hier sind 12 Streichhölzer in 3 Reihen. 3 Streichhölzer sind umzulegen, so daß jede waagerechte und jede senkrechte Reihe 4 Streichhölzer enthält.

21 Wie kann man mit Streichhölzern beweisen, daß 9 weniger 3 gleich 4 und daß 11 weniger 3 gleich 6 ist?

22 6 Streichhölzer sind fortzunehmen, so daß 3 Quadrate gebildet werden.

23 12 Streichhölzer liegen auf dem Tisch, wie hier angegeben. Sie sind nun so zu legen, daß von Nr. 1 bis 6 zwei Streichhölzer zusammen liegen, indem die Umlegung auf die Weise geschieht, daß man jedesmal 2 Streichhölzer überspringt.

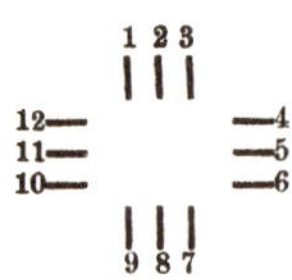

24 Diese 20 Streichhölzer sind so umzulegen, daß sie ein ebenso großes Rechteck bilden.

25 16 Streichhölzer sind fortzunehmen, so daß 2 gleich große Quadrate gebildet werden.

26 Drei Streichhölzer liegen auf dem Tisch. Wie kann man das mittlere aus der Mitte herausbringen, ohne es zu berühren?

27 26 Streichhölzer sind umzulegen, so daß 15 gleich große und eine symmetrische Figur bildende Quadrate entstehen.

28 Während Du selbst beiseite gehst, läßt Du einen der Anwesenden eine willkürliche, nicht zu

kleine Anzahl Streichhölzer in zwei Reihen auf den Tisch legen, so daß die untere Reihe ein Streichholz weniger als die obere enthält. Du bittest ihn nun, von der oberen Reihe eine bestimmte Anzahl (z.B. 12) Streichhölzer fortzunehmen. Darauf läßt Du ihn von der unteren Reihe so viele Streichhölzer entfernen, als noch in der oberen Reihe übrig sind, und endlich läßt Du ihn sämtliche Streichhölzer in der oberen Reihe fortnehmen. Du kannst ihm dann sagen, wie viele Streichhölzer noch auf dem Tisch übrig sind, in diesem Fall 11 – stets 1 Streichholz weniger als die anfangs von Dir angegebene Anzahl. (Ist die untere Reihe um n Streichhölzer kleiner als die obere und heißt die zuerst fortgenommene Anzahl x, ist die Anzahl der zuletzt übrigbleibenden x–n.)

29 11 Streichhölzer sind umzulegen, so daß 10 gleich große, eine symmetrische Figur bildende Quadrate entstehen.

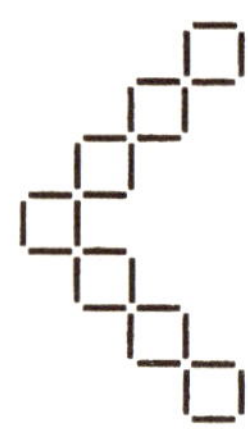

30 Wie kann man aus zwölf Streichhölzern zwei machen?

31 12 Streichhölzer sind umzulegen, so daß 9 gleich große, eine symmetrische Figur bildende Quadrate entstehen.

32 12 Streichhölzer liegen auf dem Tisch, wie hier angegeben. Sie sind nun so zu legen, daß von Nr. 5 bis 7 und von 9 bis 11 zwei Streichhölzer zusammen liegen, indem die Umlegung auf die Weise geschieht, daß man jedesmal 3, nur das letzte Mal 4 Streichhölzer überspringt.

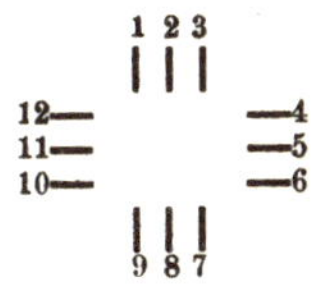

33 24 Streichhölzer sind fortzunehmen, so daß 9 gleich große Quadrate übrigbleiben.

34 Diese 24 Streichhölzer sind so umzulegen, daß sie ein 1½ mal so großes Rechteck bilden.

35 12 Streichhölzer sind fortzunehmen, so daß 2 gleich große Quadrate und 6 gleich große Sechsecke entstehen.

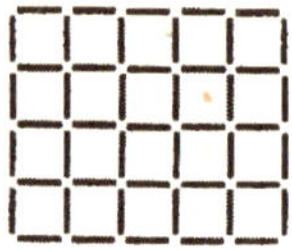

36 Hier liegen 12 Streichhölzer, 4 auf jeder Seite des Vierecks. Sie sind nun so zu legen, daß auf jeder Vierecksseite 5 liegen.

37 14 Streichhölzer sind umzulegen, so daß 9 gleich große, eine symmetrische Figur bildende Quadrate entstehen.

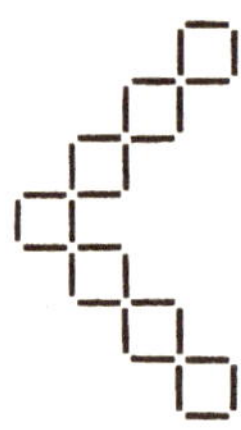

38 Längs den Mauern einer quadratischen Bastion sollen 12 Vorposten aufgestellt werden. Ein Hauptmann verteilte sie, wie hier angegeben, so daß auf jeder Seite 4 Mann standen. Später kam der Kommandant und sagte unzufrieden, daß er 5 Mann auf jeder Seite haben wolle, wes-

halb er die 12 Vorposten so aufstellen ließ, daß dieses der Fall wurde. Zuletzt kam der General und sagte ärgerlich, daß er 6 Mann auf jeder Seite haben wolle, weshalb er eine neue Aufstellung veranlaßte. Wie war die Aufstellung die beiden letzten Male?

39

10 Streichhölzer sind fortzunehmen, so daß 4 gleich große Quadrate übrigbleiben.

40

Wie kann man aus 9 Streichhölzern, die nicht geteilt werden dürfen, 11 bilden?

41

Mittels 6 Streichhölzern bildet man auf dem Tisch 5 Räume. In die 2 ersten Räume legt man 2 Einpfennigstücke, in die 2 letzten Räume 2 Fünfpfennigstücke. Die Einpfennigstücke sollen jetzt in die Räume der Fünfpfennigstücke gebracht werden und umgekehrt. Dabei darf keine Münze wieder rückwärts gehen; ferner muß jede in einen leeren Raum gebracht werden; es ist jedoch gestattet, einen besetzten Raum zu überspringen, nie aber

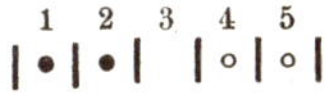

zwei. Man beginnt mit einem Einpfennigstück. Nach 8 Zügen werden die Münzen ihre neuen Plätze einnehmen. (Vgl. Nr. 11.)

42 7 Streichhölzer werden in der Form eines Sterns gelegt. An 6 der Streichholzenden soll eine Münze auf die Weise gelegt werden, daß man stets von einem der Endpunkte ausgeht und in der dem Gang des Uhrzeigers entgegengesetzten Richtung bis zum dritten Endpunkt vorwärts zählt, wo die Münze gelegt wird. Man darf indessen nie von einem schon belegten Streichholzende ausgehen; jede neue Zählung muß von einem noch nicht belegten Endpunkt ausgehen.

43 4 Streichhölzer sind umzulegen, so daß 3 gleich große Quadrate entstehen.

44 Diese 14 Streichhölzer sind so umzulegen, daß sie ein 1½ mal so großes Rechteck bilden.

45 Wie kann man mit 3 Streichhölzern teils eine nicht gehende, teils eine gehende Uhr darstellen?

46 Mit 12 Streichhölzern soll eine Figur gebildet werden, die kein Quadrat ist, die aber nach der Hinzufügung von 4 Streichhölzern 5 Quadrate bildet.

47 Wie kann man ¾ Dutzend ganze Streichhölzer so auf einen Tisch legen, daß sie 3 Dutzend bilden?

48 11 Streichhölzer sind fortzunehmen, so daß 10 gleich große, zusammenhängende Quadrate gebildet werden.

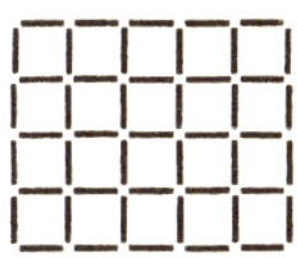

49 Wie der General Knutsky bei der Belagerung von Sebastopol in die Luft gesprengt wurde, kann leicht auf folgende Weise gezeigt werden. In die schmalen Seiten einer auf

dem Ende stehenden Streichholzschachtel werden zwei Streichhölzer gesteckt; zwischen ihren beiden oberen Enden wird ein drittes Streichholz eingespannt, und auf dieses setzt man als Reiter die geknickte Hälfte eines Streichholzes. Das waagerechte Streichholz wird nun zwischen dem Reiter und dem einen Ende angezündet – und sofort sieht man, wie der General Knutsky in die Luft gesprengt wurde.

Spannt man das waagerechte Streichholz so ein, daß dessen Kopf den Kopf eines der beiden anderen berührt, und zündet man letzteres Streichholz an, so wird das waagerechte Streichholz plötzlich weit fortgeschossen, und zwar in die Richtung, in welche man zielt.

Man zündet ein auf die letzterwähnte Weise eingespanntes Streichholz an der Mitte an und fragt die Anwesenden, welches von den beiden anderen Streichhölzern wohl zuerst am oberen Ende entzündet werden wird. Niemand behält recht, da das waagerechte Streichholz zuvor in die Höhe springt.

Eine etwas größere Wirkung erzielt man, wenn man statt eines Streichholzes auf jeder Seite 2 oder 3 hineinsteckt und das den Reiter tragende Streichholz zwischen 2 andere Streichhölzer einspannt, welche oben quer auf jene gelegt oder eingespannt werden. Man kann dann auch auf der einen Seite einen kleinen dreiseitigen Streichholzhaufen errichten, der ebenfalls in die Höhe geworfen werden wird, wenn der General in die Luft fliegt.

50 6 Streichhölzer sind fortzunehmen, so daß 9 gleich große Quadrate übrigbleiben.

51 Wie kann man aus dreizehn Streichhölzern zehn bilden?

52 12 Streichhölzer sind umzulegen, so daß 20 gleich große, eine regelmäßige Figur bildende Quadrate entstehen.

53 12 Streichhölzer sind so zu legen, daß sie 6 Reihen bilden, von welchen jede 4 Streichhölzer enthält.

54 22 Streichhölzer sind fortzunehmen, so daß 4 gleich große Quadrate entstehen.

55 Zwei breite Streichhölzer versieht man mitten auf einer der Seiten mit einem Querstrich. Man nimmt sie waagerecht zwischen den Daumen und Zeigefinger der rechten Hand, so daß die beiden Striche nach oben gekehrt sind, worauf man mit denselben Fingern der linken Hand die Streichhölzer um ihre kurze Achse halb umdreht, so daß die beiden Finger der rechten Hand jetzt die entgegengesetzten Streichholzenden berühren. Man fragt jetzt: sind die Striche oben oder unten? Jeder antwortet: unten. Trotzdem sind die Striche oben. – Während der Umdrehung dreht man nämlich unbemerkt jedes Streichholz ein halbes Mal um sich selbst.

56 Wie kann man aus 3 Streichhölzern, die nicht geteilt werden dürfen, 6 bilden?

57 7 Streichhölzer sind umzulegen, so daß 13 gleich große, zusammenhängende Quadrate gebildet werden.

58 Diese 22 Streichhölzer sind so umzulegen, daß sie ein doppelt so großes Rechteck bilden.

59 8 Streichhölzer sind so zu legen, daß sie ein rechtwinkliges Sechseck bilden.

60 20 Streichhölzer sind in eine Figur zu legen, welche nach Hinzufügung von 8 Streichhölzern 9 gleich große Quadrate bildet.

61 8 Streichhölzer sind fortzunehmen, so daß 4 gleich große Sechsecke entstehen.

62 Ein übermütiger König gab seinem Hofnarren eines Tages ein verführerisches Rätsel auf: 30 Steine, 15 Diamanten und 15 Kiesel, durfte der Narr in beliebiger Reihenfolge vor sich auf den Tisch legen. Danach sollte er die Hälfte der Steine vom Tisch entfernen, indem er jeden neunten aus der Reihe nahm; die verbleibenden 15 Steine versprach der König dem Narren zum Geschenk.

Der Narr, der sich diese Gelegenheit nicht entgehen lassen wollte, wählte die Reihenfolge der Steine folgendermaßen (|) bezeichnet einen Diamanten, (|) einen Kiesel):

Als die Auszählung beendet und jeder neunte Stein allmählich entfernt worden war, lagen 15 Diamanten auf dem Tisch – und der schlaue Narr war ein reicher Mann.

Die Aufstellung kann mit Hilfe des folgenden Satzes leicht im Gedächtnis behalten werden:

Gott schlug den Mann in Amalek, der Israel bezwang.
4 5 2 1 3 1 1 2 2 3 1 2 2 1

Hier bezeichnet a als erster Vokal 1 Stein, e als zweiter Vokal 2 Steine, i 3, o 4 und u 5 Steine. Man beginnt also mit 4 Diamanten.

63 7 Streichhölzer sind fortzunehmen, so daß 10 gleich große, zusammenhängende Quadrate gebildet werden.

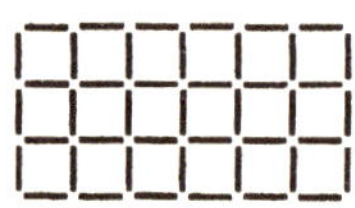

64 Ein Streichholz wird an zwei Stellen geknickt, so daß die drei Teile nur ganz lose zusammenhängen. Wie kann man nun mit einem Ruck dieses Streichholz in drei Stücke reißen?

65 Diese Figur ist von 6 Streichhölzern gebildet. 2 Streichhölzer sind umzulegen, so daß 3 Quadrate entstehen.

66 Wie kann man ¾ Dutzend ganze Streichhölzer auf den Tisch legen, so daß sie drei und ein halbes Dutzend bilden?

67 18 Streichhölzer sind fortzunehmen, so daß 3 Quadrate entstehen.

68 Mittels eines Streichholzes kann man leicht beweisen, daß dreimal 2 4 ist. Man bricht das Streichholz quer über; dann hat man also einmal 2. Darauf bricht man das eine Stück quer über; dann hat man also zweimal 2. Bricht man darauf das zweite Stück quer über, hat man also dreimal 2. Das Resultat ist 4.

69

Diese Figur ist von 8 Streichhölzern gebildet. 2 Streichhölzer sind fortzunehmen, so daß 3 Quadrate entstehen.

70

12 Streichhölzer  liegen in einer Reihe. Sie sollen nun in 4 Gruppen, mit 3 Streichhölzern in jeder Gruppe, gesammelt werden, wobei jedoch nur 8 Streichhölzer umgelegt werden dürfen und jedes Streichholz bei der Umlegung drei Streichhölzer überspringen muß.

71

10 Streichhölzer sind fortzunehmen, so daß 4 Quadrate übrigbleiben.

72

Dieses Haus ist von 10 Streichhölzern gebildet. Wie kann man durch Verschiebung von 2 Streichhölzern die Lage des Hauses verändern?

73 Welche Beziehung hat ein Streichholzfabrikant zur Musik?

74 14 Streichhölzer sind umzulegen, so daß 14 gleich große Quadrate entstehen.

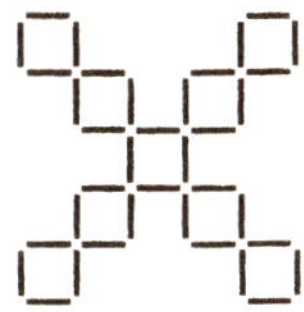

75 Der Streichholztelegraph wird auf die in der Figur gezeigte Weise gebaut, kann aber nach Belieben kürzer oder länger gemacht werden. Wenn man bei A drückt, hüpft B.

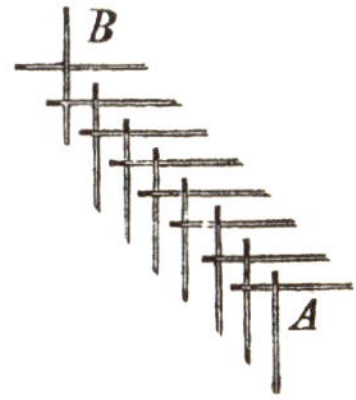

76 8 Streichhölzer sind fortzunehmen, so daß 6 Quadrate entstehen.

77 Diese 26 Streichhölzer sind so umzulegen, daß sie a) ein halb so großes Rechteck, b) ein 1½ mal so großes Rechteck bilden.

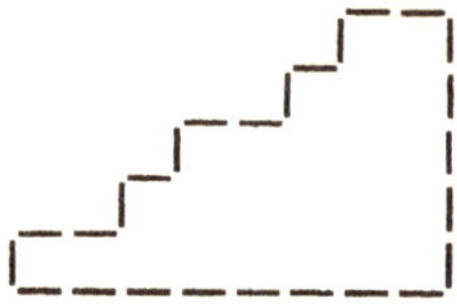

78 Die drei gleich großen Vierecke der Figur werden von 10 Streichhölzern gebildet. Ein Streichholz ist fortzunehmen, und von den übrigen 9 Streichhölzern sind 3 neue und gleich große Vierecke zu bilden.

79 Wie kann man mit 2 Streichhölzern, die nicht geknickt oder geteilt werden dürfen, ein Quadrat bilden?

80 6 Streichhölzer sind so fortzunehmen, daß 4 Quadrate übrigbleiben.

81 Mittels 8 Streichhölzern bildet man auf dem Tisch 7 Räume. In jeden der drei ersten Räume legt man ein Einpfennigstück, in jeden der drei letzten Räume ein Fünfpfennigstück. Die Münzen sollen nun auf ähnliche Weise und unter denselben Bedingungen wie in Nr. 41 ihre Räume wechseln. 15 Züge sind erforderlich. (Vgl. Nr. 11 und 41.)

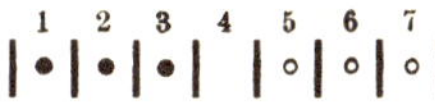

82 9 Streichhölzer sind umzulegen, so daß 4 Quadrate entstehen.

83 Wie kann man mit 10 Streichhölzern einen berühmten Schützen darstellen?

84 6 Streichhölzer sind so zu legen, daß sie ein Quadrat bilden.

85 20 Streichhölzer sind fortzunehmen, so daß 10 Quadrate entstehen.

86 Karl der Große besaß einen prachtvollen Spiegel, dessen Rahmen mit Diamanten besetzt war. Auf jeder Seite des Rahmens zählte man 12 Diamanten. Ein Diener sollte einmal den Spiegel putzen und stahl bei dieser Gelegenheit 4 von den Diamanten. Trotzdem zählte man aber wie vorher auf jeder Seite des Rahmens 12 Diamanten. Wie hatte der Diener es gemacht?

87 24 Streichhölzer sind fortzunehmen, so daß 9 gleich große, eine regelmäßige Figur bildende Quadrate entstehen.

88 Mit 12 Streichhölzern ist ein Zwölfeck mit lauter rechten Winkeln zu bilden.

89 Wie kann man mit 6 Streichhölzern einen großen Fluß darstellen?

90 Wie kann man mit 9 ganzen Streichhölzern 5 Quadrate bilden?

91 Wie kann man 12 Streichhölzer in drei Reihen legen, so daß jede Reihe 4 Streichhölzer, eine Reihe aber 6 Streichhölzer enthält?

92 In diesem Garten, dessen Umriß von 16 Streichhölzern gebildet ist, bezeichnet das kleine innere, von 4 Streichhölzern gebildete Quadrat die Grundfläche eines Hauses. Der übrige Teil des Gartens soll nun mittels 10 Streichhölzer zwischen 5 Erben verteilt werden, so daß alle gleich viel erhalten und alle Teile dieselbe Form haben.

93 Die 16 Streichhölzer sind so umzulegen, daß sie 3 Quadrate bilden.

94 8 Streichhölzer sind fortzunehmen, so daß jede senkrechte und waagerechte Reihe entweder 4 oder 6 Streichhölzer enthält.

95 6 Streichhölzer sind fortzunehmen, so daß 2 gleich große Sechsecke entstehen.

96 4 Streichhölzer sind fortzunehmen, so daß 8 gleich große Quadrate übrigbleiben.

97 In einem Wirtshaus saßen 21 Soldaten an drei Tischen, 7 Soldaten an jedem Tisch, während der Wirt an einem vierten Tisch allein saß. Die vier Tische bildeten ein Viereck. Man einigte sich darüber, daß derjenige von den Anwesenden, der zuletzt übrigbliebe, wenn nach und nach jeder siebente ausgezählt worden wäre, die ganze Zeche bezahlen sollte; die Auszählung sollte in der Richtung des Uhrzeigers geschehen, und der Wirt sollte mitgezählt werden. Jeder siebente verließ allmählich das Wirtshaus, und zuletzt blieb der geprellte Wirt allein zurück. Wo hatte die Auszählung begonnen?

98 24 Streichhölzer sind fortzunehmen, so daß 1 großes und 4 kleine Quadrate entstehen.

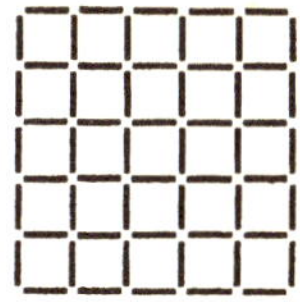

99 Mit 16 Streichhölzern werden 4 Quadrate gebildet. Wie kann man mit denselben Streichhölzern 5 ebenso große Quadrate bilden?

100 28 Streichhölzer sind fortzunehmen, so daß 4 gleich große Quadrate entstehen.

101 Diese 6 Streichhölzer sind so in 3 Reihen zu legen, daß jede Reihe 3 Streichhölzer enthält (mehrere Auflösungen).

102 21 Streichhölzer sind fortzunehmen, so daß 4 Quadrate entstehen.

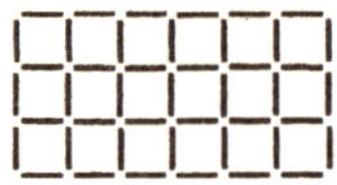

103 Müller und Schulze haben 15 Streichhölzer auf dem Tisch und spielen nach folgender Regel: jeder kann abwechselnd 1 bis 3 Streichhölzer fortnehmen, derjenige aber, welcher das letzte Streichholz erhält, soll das getrunkene Bier bezahlen. Müller beginnt. Wie muß Schulze es machen, damit er gewinnt?

104 4 Streichhölzer sind fortzunehmen, so daß 1 großes und 4 kleine Quadrate entstehen.

105 12 Streichhölzer sind umzulegen und 8 hinzuzulegen, so daß 25 gleich große, eine regelmäßige, symmetrische Figur bildende Quadrate entstehen.

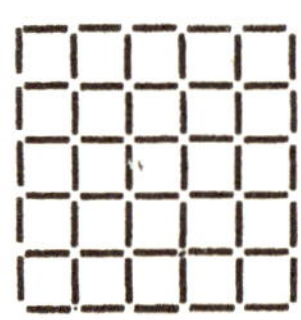

106 10 Streichhölzer liegen in einer Reihe.

Sie sollen nun zu zwei und zwei, also in 5 Paare zusammengelegt werden, jedoch auf die Weise, daß man bei der Umlegung stets 2 Streichhölzer überspringt.

107 15 Streichhölzer sind fortzunehmen, so daß 10 gleich große, eine symmetrische Figur bildende Quadrate entstehen.

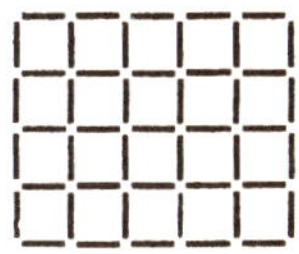

108 Wie kann man aus drei Streichhölzern, die nicht geteilt werden dürfen, vier bilden?

109 2 Streichhölzer sind fortzunehmen, so daß 2 Quadrate entstehen.

110 4 Streichhölzer sind umzulegen, so daß 17 gleich große, eine regelmäßige Figur bildende Quadrate entstehen.

111 Werden 6 Streichhölzer auf die in Fig. A angegebene Weise zusammengeflochten, bilden sie einen kleinen Bock, der frei auf dem Tisch steht. Derselbe erhält eine größere Festigkeit, wenn man statt der zwei senkrechten Streichhölzer in A drei nimmt, wie in Fig. B angegeben, und darauf die in A mit 1, 2, 3 und 4 bezeichneten Streichhölzer einschiebt.

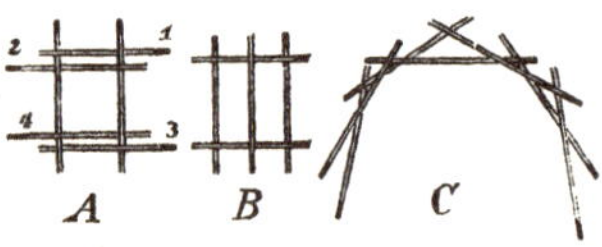

Sowohl A als B können vergrößert werden, indem man mit einem Streichholz vorsichtig eine der Seiten hebt und darauf zwei neue Streichhölzer, die 1, 2, 3, 4 entsprechen, einschiebt. Hiermit kann man bei einiger Geschicklichkeit so lange fortsetzen, bis die letzten Streichhölzer beinahe senkrecht stehen (vgl. Fig. C, den Bock von der Front gesehen).

112 24 Streichhölzer sind fortzunehmen, so daß 17 gleich große, eine regelmäßige Figur bildende Quadrate entstehen.

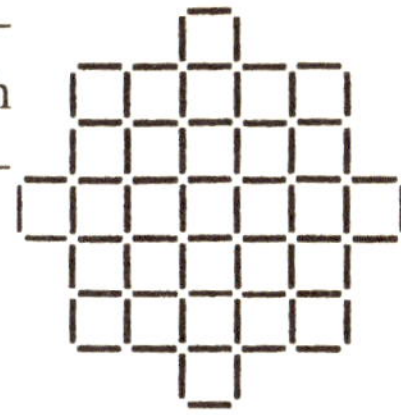

113 3 Streichhölzer sind fortzunehmen, so daß 3 Quadrate übrigbleiben.

114 Stellt man eins der alten Schwefelhölzer in dem Augenblick, wo es zu brennen anfängt, senkrecht auf einen Tisch, eine Streichholzschachtel oder dergleichen, bleibt es stehen und brennt in dieser Stellung vollständig ab.

Von schwedischen Streichhölzern gilt folgendes: legt man einige Streichhölzer so nebeneinander, daß die Köpfe sich berühren, zündet sie an und löscht sie gleich darauf wieder aus, so hängen sie fest aneinander.

Man legt 2 Streichhölzer in eine Linie, so daß die Köpfe sich berühren, zündet sie an und löscht sie aus. Sie werden dann ebenfalls aneinanderhängen. Löscht man sie nicht aus, sondern hebt man sie auf, wird das obere Streichholz, senkrecht auf dem Kopf des unteren stehend, ganz abbrennen. Man kann auf diese Weise sogar 3 Streichhölzer senkrecht auf dem Kopf eines vierten abbrennen lassen.

Legt man 4 oder mehrere Streichhölzer in ein Kreuz oder einen Stern, so daß die Köpfe sich berühren, so werden sie nach der Anzündung und Auslöschung ein zusammenhängendes Ganzes bilden.

115 8 Streichhölzer sind fortzunehmen, so daß 2 Quadrate entstehen (3 Lösungen).

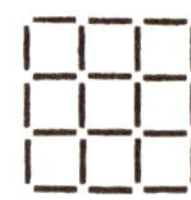

116 Hier habe ich drei Streichhölzer; lege ich zwei Streichhölzer hinzu, erhalte ich acht.

117 4 Streichhölzer sind umzulegen, so daß 5 Quadrate entstehen.

118 Wenn 9 Streichhölzer auf dem Tisch liegen, wie hier angegeben, und man von jeder der beiden Reihen 1 Streichholz fortnimmt – wie muß man es dann machen, damit wie vorhin in jeder Reihe noch immer 5 Streichhölzer liegen?

119 4 Streichhölzer sind fortzunehmen, so daß 2 gleich große Sechsecke entstehen.

120 16 Streichhölzer sind fortzunehmen, so daß 9 gleich große, zusammenhängende Quadrate entstehen.

121 Mit 8 ganzen und 4 halben Streichhölzern soll ein Quadrat gebildet werden, welches aus 4 gleich großen Rechtecken und einem halb so großen Quadrat zusammengesetzt ist.

122 18 Studenten gingen in ein Wirtshaus, verlangten Mittagessen und luden den Wirt ein, mit ihnen zu speisen. An dem einen Ende des Tisches saß der Wirt, ihm gegenüber saßen 4 Studenten und an jeder der beiden anderen Seiten 7 Studenten. Als die Mahlzeit beendet war, schlug einer der Studenten, der von seinen Kameraden gewöhnlich Hans Pfiffig genannt wurde, vor, daß einer von ihnen die ganze Zeche bezahlen sollte, und zwar derjenige, der zuletzt zurückbliebe, nachdem allmählich jeder siebente freigezählt sei; der Wirt sollte mitgezählt werden, die Zählung bei Hans Pfiffig anfangen und in der Richtung des Uhrzeigers gehen. Es geschah, und der Wirt wurde der letzte. Wo saß Hans Pfiffig? (Vgl. Nr. 97.)

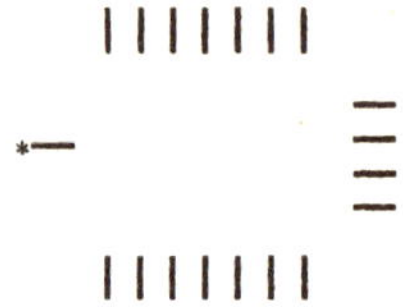

123 2 Streichhölzer sind so fortzunehmen, daß 4 Quadrate übrigbleiben.

124 12 Streichhölzer sind umzulegen, so daß 2 gleich große Quadrate entstehen.

125 Das Kunststück, mit einem Streichholz 3 Streichhölzer zu heben, wird auf folgende Weise ausgeführt. Ein Streichholz wird an dem einen Ende gespalten, das Ende eines anderen Streichholzes wird in die Spalte hineingeklemmt, und diese beiden Streichhölzer werden von einem dritten gestützt, so daß sie alle drei auf dem Tisch stehen. Zwischen diesem dritten Streichholz und den beiden anderen steckt man nun ein viertes Streichholz hinein, indem man dafür sorgt, daß das obere Ende des dritten Streichholzes unter den Berührungspunkt der beiden ineinandergeklemmten Streichhölzer hinunterfällt; hebt man dann das vierte Streichholz, so folgen die drei andern mit in die Höhe.

126 Diese Figur wird von 5 Streichhölzern gebildet. Nun sollen 3 Streichhölzer fortgenommen und 2 hinzugelegt werden, so daß dieselbe Figur entsteht.

127 16 Streichhölzer sind fortzunehmen, so daß 2 große und 2 kleine Quadrate entstehen.

128 Durch Streichhölzer können angehende Artilleristen Unterhaltung und Übung erhalten. Ein Streichholz wird an dem einen Ende in 3 Teile gespalten und senkrecht auf den Tisch gestellt, z. B. einen Meter von der Tischkante. Dicht an und parallel mit der Tischkante wird ein anderes Streichholz gelegt, quer über dieses ein drittes, welches mit seinem einen Ende etwas über die Tischkante hinausragt, und es gilt nun, durch einen Knips mit dem Finger dieses letzte Streichholz so abzuschießen, daß es das auf dem Tisch stehende Streichholz trifft und umwirft. Stellt man mehrere Streichhölzer in der angegebenen Weise auf, wird man also ganze Regimenter bombardieren können, wie überhaupt dieses harmlose Spiel mit beliebigen Variationen Anregung zu vielfacher Unterhaltung darbieten kann. Einige der Streichholzsoldaten können durch kleine Papierstücke als Generale, Fürsten etc. bezeichnet werden; an jeder der vier Kanten des Tisches kann eine Batterie angelegt werden etc. etc.

Eine noch bessere Schießvorrichtung als die erwähnte erhält man auf folgende Weise. Der innere Teil einer Streichholzschachtel wird ca. 2 cm herausgezogen, und zwischen ihm und dem äußeren Teil wird an der einen Ecke unten ein Streichholz hineingesteckt, welches ca. 2 cm über den inneren Teil hervorragt. Ein derartig angebrachtes Streichholz federt besonders gut. Die Schachtel wird auf den Tisch gestellt und mit der linken Hand gehalten; mit der rechten Hand zieht man das Streichholz an und läßt es wieder los, wobei es ein vor demselben liegendes Streichholz weit fortschießt. (Knickt man ein Streichholz an mehreren Stellen, so daß es einen Bogen bildet, wirbelt es sich auf dem Tisch vorwärts, wenn es auf die erwähnte Weise ausgeschossen wird.)

Will man mehr in die Höhe schießen, steckt man (mittels gebohrter Löcher) zwei Streichhölzer quer durch die beiden langen Seiten des inneren Teiles einer Streichholzschachtel, so daß das eine Streichholz dem Boden und der schmalen Schachtelseite etwas näher als das andre ist. Zwischen diesen beiden Streichhölzern spannt man das Ende des abzuschießenden Streichholzes ein; die Schachtel wird so gehalten, daß die beiden eingesteckten Streichhölzer senkrecht stehen. Stellt man dagegen die Schachtel auf ihre kurze Kante, kann man senkrecht in die Höhe schießen.

Man kann auch aus Papier ein enges Rohr bilden, durch welches man das Streichholz hinausbläst.

Als Ziel des Schießens kann man natürlich viele andere Sachen als die oben erwähnten stehenden Streichhölzer benutzen. Man kann z. B. einen auf 3 Streichhölzern hängenden Fingerhut dazu nehmen, oder man nimmt die in Nr. 49 am Schluß erwähnte Vorrichtung und stellt sie umgekehrt auf den Tisch usw. Zum Schutz der Streichholzsoldaten kann man aus Streichholzschachteln Festungen und Wälle bauen usw.

129

16 Streichhölzer sind fortzunehmen, so daß 1 großes und 9 kleine Quadrate entstehen.

130 6 Streichhölzer sind fortzunehmen, so daß 3 Quadrate übrigbleiben.

131 Wie kann man mit 6 Streichhölzern 4 gleich große Dreiecke bilden?

132 Die 12 Streichhölzer sind so umzulegen, daß 3 gleich große Quadrate entstehen (zwei Lösungen).

133 Diese 22 Streichhölzer sind so umzulegen, daß sie ein doppelt so großes Rechteck bilden.

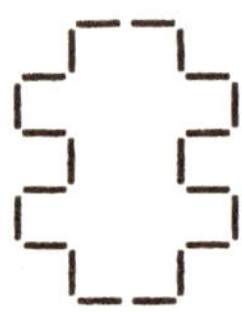

134 5 Streichhölzer sind fortzunehmen, so daß 5 Dreiecke übrigbleiben.

135 4 Brüder erben von einem Onkel einen Garten (durch 16 Streichhölzer darzustellen), in welchem sich 12 Obstbäume (Münzen oder Knöpfe) befinden, wie in der Figur angedeutet. Der Garten soll nun (durch 12 Streichhölzer) in 4 gleich große und gleichförmige Teile, die alle dieselbe Anzahl Obstbäume enthalten, geteilt werden.

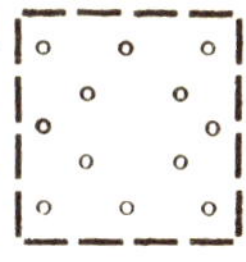

136 a) 3 Streichhölzer sind so fortzunehmen, daß 4 Quadrate übrigbleiben.
b) 6 Streichhölzer sind fortzunehmen, so daß 3 Quadrate übrigbleiben.

137 Aus diesen 8 Streichhölzern sollen 4 Gruppen mit 2 Streichhölzern in jeder gebildet werden, indem man mit einem Streichholz stets 2 Streichhölzer überspringt.

138 16 Streichhölzer sind fortzunehmen, so daß 13 gleich große, eine symmetrische Figur bildende Quadrate entstehen.

139 Ein Mann besitzt ein goldenes, mit Diamanten besetztes Kreuz. Zählt er von unten bis zu dem Ende jedes der drei oberen Arme, zählt er stets 6 Diamanten. Das Kreuz wurde wegen einer Reparatur zu einem Goldschmied geschickt. Dieser stahl 2 von den Diamanten, trotzdem aber zählte der Besitzer noch immer wie früher 6 Diamanten in allen drei Richtungen. Wie waren die Diamanten nach der Reparatur angebracht?

140 12 Streichhölzer sind fortzunehmen, so daß 3 gleich große Rechtecke und 6 gleich große Sechsecke entstehen.

141 16 Streichhölzer sind fortzunehmen, so daß 5, eine regelmäßige Figur bildende Quadrate entstehen.

142 8 Streichhölzer sind hinzuzulegen, so daß 4 gleich große Figuren von der Form der nebenstehenden gebildet werden.

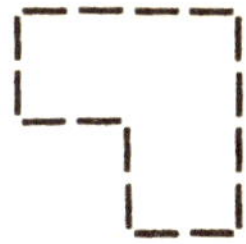

143 24 Streichhölzer sind fortzunehmen, so daß 5, eine regelmäßige Figur bildende Quadrate entstehen.

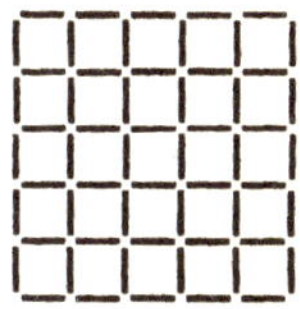

144 Man lehnt ein Streichholz an irgendeinen auf dem Tisch stehenden Gegenstand an. Was ist das?

145 6 Streichhölzer sind fortzunehmen, so daß in jeder senkrechten und waagerechten Reihe entweder 4 oder 6 Streichhölzer liegen (zwei Lösungen).

146 Diese zwölf Streichhölzer sind so umzulegen, daß in jeder der 3 waagerechten Reihen fünf liegen.

147 24 Streichhölzer sind fortzunehmen, so daß 3 Quadrate übrigbleiben.

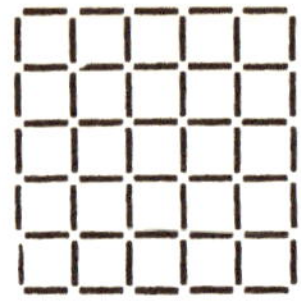

148 6 Streichhölzer sind fortzunehmen, so daß 10 gleich große, zusammenhängende Quadrate entstehen.

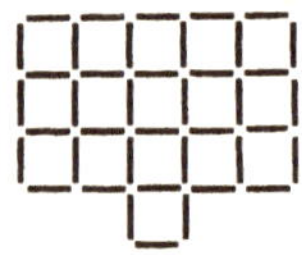

149 Von diesen 15 Streichhölzern sind 4 forrtzunehmen, so daß ein Verhältnis zwischen Mann und Frau entsteht.

150 4 Streichhölzer sind umzulegen, so daß 2 Quadrate entstehen.

151 Besitzt man etwas Geduld und Geschicklichkeit, kann man aus Streichhölzern verschiedene nette Bauarbeiten und Figuren darstellen, wozu hier eine kurzgefaßte Anleitung gegeben werden soll.

A. 2 Streichhölzer werden in einer Entfernung, die etwas kleiner ist als die Länge eines Streichholzes, voneinander gelegt (Fig. 1). Auf ihre Enden legt man 2 andere Streichhölzer, so daß ein Quadrat entsteht (Fig. 2). Auf diesem als Grundlage baut man nun in derselben Weise weiter senkrecht aufwärts, so daß man ein vierseitiges Prisma erhält (Fig. 3).

B. Wenn man, von dem Quadrat ausgehend, aufwärts baut und jedes Streichholz eine Streichholzbreite näher der Mitte als das entsprechende vorhergehende untere legt, entsteht die vierseitige *Pyramide* (Fig. 4).

Fig. 1

Fig. 2

Fig. 3

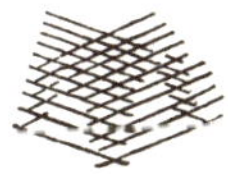
Fig. 4

C. Wird die Pyramide auf dem Prisma gebaut, erhält man ein *Haus* oder einen *Turm* (Fig. 5).

D. 4 Streichhölzer werden wie in Fig. 6 gelegt, und auf ihre Enden 4 andere, so daß ein Achteck gebildet wird (Fig. 7). Auf diesem als Grundlage legt man die folgenden Streichhölzer stets näher

Fig. 5

Fig. 6

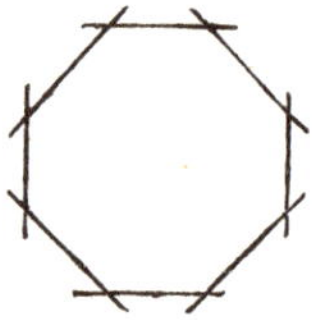

Fig. 7

gegen die Mitte hin, bis man ein Quadrat erhält. Das so gebildete Gerüst oder Fundament ist in Fig. 8 von oben gesehen.

E. Auf dem Quadrat dieses Fundaments kann das Haus aufgebaut werden (Fig. 9).

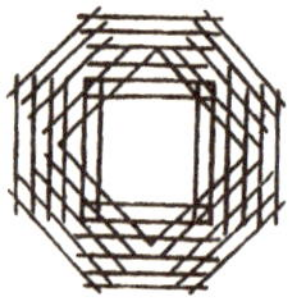

Fig. 8

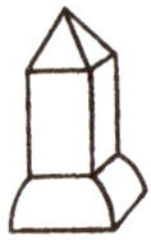

Fig. 9

Fig. 10

F. Wenn das Fundament, vom Achteck ausgehend, bis zum Quadrat gekommen ist, kann es, indem man weiterbaut, ein wenig eingeschmälert werden, ungefähr als ob man eine Pyramide bauen wollte, und gleich darauf wieder verbreitert werden, wodurch die in Fig. 10 angedeutete Form entsteht.

G. Von der quadratischen Grundlage kann man auch umgekehrt aufwärts bauen, so daß das Achteck gebildet wird; man erhält dann Fig. 8 umgekehrt (Fig. 11a). Auch hier kann man zuerst einschmälern, so daß die Form Fig. 11b entsteht. Auf diesen beiden Formen kann eine

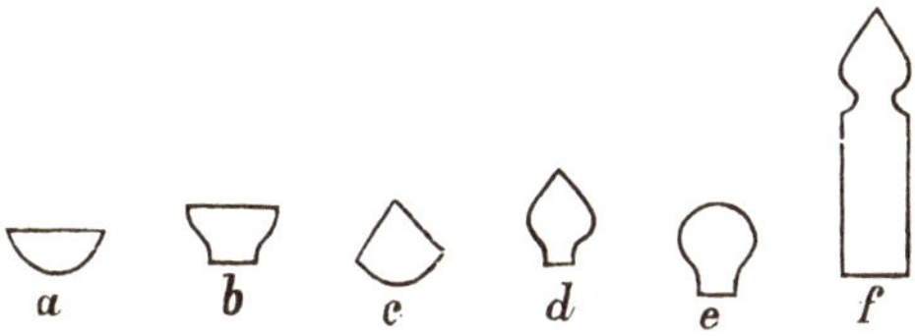

Fig. 11

Pyramide, spitz oder abgerundet, aufgebaut werden, wodurch die *Kuppel* entsteht (Fig. 11c, d, e). Diese kann auf dem Prisma aufgebaut werden, so daß man einen Turm mit Kuppel erhält (Fig. 11f).

H. Größere Gebäude können über aufwendigere Grundpläne gebaut werden, wie z. B. Fig. 12; die zweite Schicht Streichhölzer wird dann so gelegt, daß Fig. 13

Fig. 12

Fig. 13

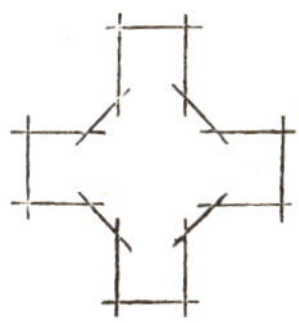
Fig. 14

gebildet wird. Der Grundplan zu der *russischen Kirche*, deren Umriß Fig. 15 zeigt, ist in Fig. 14 angegeben. Eine große Kuppel wird über den mittleren Teil des Gebäudes gesetzt, während 4 kleinere Kuppeln auf den 4 Kreuzflügeln angebracht werden*.

I. Von einer regelmäßigen vielseitigen Grundlage ausgehend, kann man, vorausgesetzt, daß man

Fig. 15

Fig. 16

Geduld hat und Vorsicht anwendet, jeden beliebigen runden Gegenstand, wie z. B. ein Glas oder eine Zukkerschale, überbauen. Es entsteht dann ein korbähnlicher Bau, innerhalb dessen der Gegenstand steht. Beginnt man mit einer Anzahl von Streichhölzern, die eine Potenz von 2 (2, 4, 8, 16 etc.) ist, so wird man immer das Quadrat erreichen können; ist es nicht der Fall, muß man während des Baues allmählich die Konstruktion nach dieser Richtung hin anpassen.

K. Will man derartige Streichholzbauten dauerhaft machen, muß man die Streichholzenden mit Fischleim be-

* Das Titelbild gibt nach einer photographischen Aufnahme eine Ansicht von der russischen Kirche sowie von der unter L erwähnten Windmühle.

streichen. Die Arbeit erfordert dann längere Zeit, man kann aber dann auch schwierigere Formen darstellen, indem ein fertiger und trockener Bau umgekehrt werden kann, so daß die Arbeit an dem Ende, welches früher die Grundlage bildete, fortgesetzt werden kann.

L. Wird Leim benutzt, kann man eine *Windmühle* darstellen, indem 4 (oder 8) Streichhölzer in ein Kreuz gelegt werden (Fig. 16), so daß eine Öffnung von der Dicke eines Streichholzes frei gelassen wird; hier steckt man ein in Fischleim getauchtes Streichholzende hinein, worauf man die fertigen Mühlenflügel an das Gebäude Fig. 10 anbringt. (Baut man, von dem Achteck Fig. 7 ausgehend, einschmälernd aufwärts, so erhält man den Körper einer großen Mühle, auf dem man dann den Hut mit Flügeln anbringt.)

M. Auch den *Eiffelturm* kann man nachahmen, wenn Leim benutzt wird. Man baut zuerst als Fundament vier schiefe und etwas gebogene vierseitige Prismen, die sich einander nach oben allmählich nähern, bis sie zuletzt zusammenstoßen und eine große quadratische Fläche bilden, auf welcher man leicht, nachdem der untere Teil getrocknet ist, weiter aufwärts bauen kann.*

N. Da man sich vielleicht veranlaßt fühlen könnte, ein derartiges Streichholzgebäude anzuzünden, soll hier bemerkt werden, daß ein solches Feuerwerk nicht das geringste Interesse darbietet und daß es unter Umständen

* Man kann z. B. zuerst von einer kleineren Sorte Streichhölzer 4 ähnliche schiefe Prismen, wie die unteren, bauen usw.

mit Gefahr verbunden sein kann, eine größere Menge Streichhölzer gleichzeitig brennen zu lassen.

O. Von den schönsten liegenden Streichholzfiguren sei zunächst das *Herz* genannt. Auf ein Streichholz wird ein zweites gelegt, so daß der Kopf auf dem ersten Streichholz ruht, während das andre Ende sich auf den Tisch stützt; ein drittes Streichholz wird auf ähnliche Weise auf das zweite gelegt usw., bis die eine Hälfte eines Herzens gebildet ist, worauf die andre Hälfte mit derselben symmetrisch gelegt wird (Fig. 17).

P. Um das *Ordenskreuz* zu bilden, geht man von einer Grundform aus, die den Mühlenflügeln ähnlich ist, nur wird hier das Loch in der Mitte ausgelassen (Fig. 18). Auf den beiden Seiten der vier Kreuzarme werden nun Streichhölzer gelegt, bis das Kreuz die gewünschte Breite erhalten hat, wonach die Öffnungen zwischen den Armen mit Streichhölzern (am besten von einer kleineren Sorte) ausgefüllt werden, so daß jedes dieser Streichhölzer den Winkel, in welchen es hineingelegt wird, in 2 gleiche Teile teilt (s. Fig. 19, welche ¼ des Kreuzes darstellt).

Fig. 17

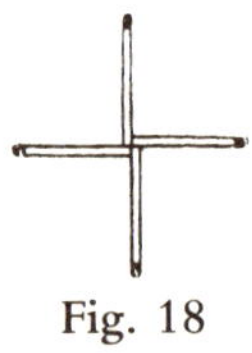

Fig. 18

Fig. 19

Q. Für den *Weihnachtsstern* werden 3 Streichhölzer so gelegt, daß sie Winkel von 120° bilden und die Köpfe einander berühren (Fig. 20). Es werden nun stets neue Streichhölzer, welche die gebildeten Winkel halbieren, hinzugelegt, bis keine mehr Platz haben oder bis der Stern

Fig. 20

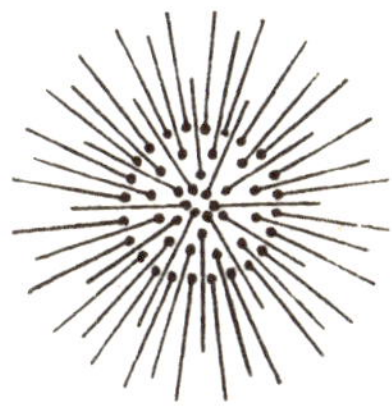

Fig. 21

groß genug ist. Sämtliche Streichholzköpfe werden nach innen gelegt, so daß sie konzentrische Kreise bilden (Fig. 21). Ein Stück mit Gummi bestrichenes Papier kann auf den fertigen Weihnachtsstern oder auf das Ordenskreuz gedrückt werden, so daß man diese Formen aufbewahren kann, oder man kann zu diesem Zweck während der Bildung der Figur jedes einzelne Streichholz auf der unteren Seite mit Gummi bestreichen.

R. Sowohl bei den Gebäuden als bei den liegenden Figuren muß man achtgeben, daß die Streichholzköpfe symmetrisch angebracht werden. Eine reiche Abwechslung erhält man, wenn man Streichhölzer mit verschieden gefärbten Köpfen oder verschiedenfarbige Streichhölzer oder endlich Streichhölzer von verschiedenen Größen anwendet. Mehrere von den angeführten Formen können ferner miteinander verbunden werden;

man kann z. B. auf dem Weihnachtsstern (gelbe Köpfe) als Boden das Herz (von kleinen roten Streichhölzern) konstruieren, und über dieses irgendein Gebäude (von Streichhölzern mit schwarzen Köpfen) errichten etc. Überhaupt bilden diese hier nur in den Grundzügen dargestellten Arbeiten eine überaus reiche Quelle sowohl zur Unterhaltung als zur Ausbildung des Form- und Schönheitssinns.

152 A und B spielen mit 30 Streichhölzern. Jeder kann abwechselnd bis zu 6 Streichhölzer fortnehmen; derjenige, welcher das letzte Streichholz erhält, hat gewonnen. A beginnt. Wie muß er es machen, damit er sicher ist zu gewinnen? (Vgl. Nr. 103.)

153 Diese 26 Streichhölzer sind so umzulegen, daß sie ein dreimal so großes Rechteck bilden.

154 Ich lege 3 Streichhölzer auf den Tisch | | | und bitte die Anwesenden, eins dieser

Streichhölzer während meiner Abwesenheit als das von mir zu findende zu bezeichnen. Ich trete wieder ins Zimmer hinein und finde sofort das richtige Streichholz. – Ich habe nämlich unter den Anwesenden einen Helfer, der mir, indem er z. B. die Zigarre links, mitten im Mund oder rechts hält oder indem er die rechte Hand, den Kopf oder die linke Hand bewegt, oder auf ähnliche Weise sofort das gewählte Streichholz bezeichnet.

155 6 Streichhölzer sind umzulegen, so daß 4 gleich große Quadrate entstehen.

156 Eine Anzahl Streichhölzer soll fortgenommen und wieder hinzugelegt werden, so daß 7 gleich große Quadrate entstehen.

157 6 Streichhölzer sind fortzunehmen, so daß 2 Quadrate und 2 gleich große Sechsecke entstehen.

158 Kleine Streichholztorpedos werden wie in A, B und C angegeben zusammengeflochten (etwas Fingerfertigkeit ist notwendig, und die Streichhölzer müssen ein wenig elastisch sein; breite, dünne Streichhölzer sind hierzu besonders geeignet). Der Torpedo wird auf einen Aschbecher oder dergleichen gelegt und an einer Stelle, wo zwei Streichholzenden sich kreuzen (d, e, f), angezündet. Sobald die Flammen den ersten Kreuzungspunkt erreichen, fliegen die Streichhölzer infolge der Spannung plötzlich alle in die Höhe.

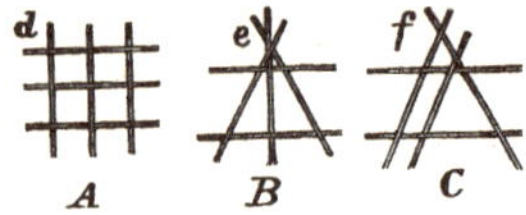

Um die Wirkung zu erhöhen, kann man auf eins der Streichhölzer eine kleine, aus Kork und Streichholzstükken gebildete Menschenfigur anbringen; dieselbe wird dann mit in die Höhe fahren.

Mit Hilfe dieser Streichholzverbindungen kann man auch die Aufgabe lösen: 5 oder 6 Streichhölzer zu heben, aber nur eins derselben berühren.

159 Dieses von 16 Streichhölzern gebildete Quadrat soll durch 11 Streichhölzer in 4 gleich große Teile geteilt werden, so daß jeder Teil die 3 übrigen Teile berührt.

160 8 ganze und 8 halbe Streichhölzer sind so zu legen, daß sie 9 gleich große Quadrate bilden.

161 Aus 16 Streichhölzern bildet man eine Festung und den dieselbe umgebenden, mit Wasser gefüllten Wallgraben. Wie kann man nun mittels 2 Stangen (Streichhölzer), die genau so lang sind, wie der Graben breit ist, nach der Festung hinüberkommen?

162 4 in der Mitte geknickte Streichhölzer werden auf den Tisch, einen Teller etc. in der in Fig. 1

Fig. 1

Fig. 2

Fig. 3

angegebenen Lage gelegt. Läßt man nun einen Tropfen Wasser auf den Mittelpunkt fallen, fangen die Streichhölzer an, sich zu bewegen, so daß sie zuerst die Stellung Fig. 2 und schließlich die Stellung Fig. 3 einnehmen.

Legt man mehrere, z. B. 6 oder 8 geknickte Streichhölzer um einen gemeinschaftlichen Mittelpunkt, erreicht man eine schnellere nach außen gehende Bewegung.

Dieselbe Eigenschaft geknickter Streichhölzer kommt bei folgendem Experiment zur Verwendung. Man legt ein in der Mitte geknicktes und in einen spitzen Winkel zusammengebogenes Streichholz* über die Öffnung

* Es ist hier wie bei allen diesen Experimenten zweckmäßig, die bei dem Bruch sich etwa bildenden Holzfasern mit einer Schere oder einem Messer abzuschneiden. Große unparaffinierte Streichhölzer sind vorzuziehen.

eines Flaschenhalses, und auf das Streichholz legt man ein Einpfennigstück. Versieht man nun die Bruchstelle mit einem Tropfen Wasser, werden die Winkelbeine, trotzdem der Pfennig auf ihnen liegt, sich voneinander entfernen, und der Pfennig wird in die Flasche fallen.

Man knickt ein Streichholz in der Nähe des einen Endes, so daß es einen spitzen Winkel bildet, und klemmt das kurze Stück oben in eine auf dem Ende stehende Streichholzschachtel ein, so daß das lange Stück sich frei bewegen kann. An einen Nähfaden hängt man ein anderes Streichholz auf, und den Faden bindet man an das lange, herabhängende Ende des geknickten Streichholzes, so daß das aufgehängte Streichholz nur eben den Tisch berührt. Gibt man nun der Bruchstelle einen Tropfen Wasser, so wird das geknickte Streichholz sich aufrichten und das andere in die Höhe heben.

Durch eine kleine Veränderung des letztgenannten Versuches erhält man »das Streichholz als Fischer«. Am unteren Ende des Fadens bringt man statt des Streichholzes z. B. eine kleine metallene Kleideröse an, und das Ganze wird derartig aufgestellt, daß diese Öse dicht unter der Oberfläche des Wassers in einem Glas zu hängen kommt. Sobald die Bruchstelle mit dem Wassertropfen versehen ist, wird man sehen, wie das Streichholz die Öse aus dem Wasser herausfischt.

Ein Streichholz wird dicht an dem kopflosen Ende geknickt und das kurze Stück mit einer Stecknadel an der oberen Fläche eines in einer Flasche sitzenden Pfropfens befestigt, so daß das lange Stück sich in horizontaler Richtung frei bewegen kann. Man stellt dann eine angezündete Kerze neben die Flasche, so daß das

Streichholz während seiner Bewegung die Flamme mit dem Kopf treffen muß. Wird nun die Bruchstelle mit dem Wassertropfen versehen, so bewegt das Streichholz sich nach der Flamme hin und zündet sich auf diese Weise selbst an.

Das letztere kann man auch dadurch erreichen, daß man die Stecknadel mit dem Streichholz in die Seite der Kerze steckt, so daß das Streichholz, indem es sich aufwärts bewegt, die Flamme treffen muß.

Spaltet man das Ende eines Streichholzes in 3 Teile und knickt den übrigen Teil zu einem spitzen Winkel zusammen, wird die auf diese Weise gebildete kleine Figur senkrecht auf dem Tisch stehen können. Versieht man indessen die Bruchstelle mit einem Wassertropfen, wird das freie Ende sich aufrichten, das Gleichgewicht wird dadurch aufgehoben, und die Figur stürzt um.

Es mögen noch einige weitere, auf demselben Verfahren beruhende Experimente erwähnt werden. Stellt man 2 in der Mitte geknickte Streichhölzer so auf einen Teller, daß sie eine kleine Pyramide bilden, erhält man nach der Anbringung des Wassertropfens oft ganz nette Bewegungen. – Man knickt ein Streichholz nahe dem einen Ende und befestigt das kurze Stück mit einer Stecknadel an einer Streichholzschachtel, so daß das lange Stück sich frei in horizontaler Richtung bewegen kann; ein zweites Streichholz wird an dem einen Ende gespalten und am äußersten Punkt des ersten in senkrechter Stellung angebracht; wenn das geknickte Streichholz sich nun bewegt, wird es das senkrecht stehende mit sich führen. – Ein auf dieselbe Weise geknicktes und befestigtes Streichholz wird, wenn es sich bewegt, ein auf seinen Weg gestelltes, unten in 3 Teile gespaltenes, senkrecht stehendes Streichholz umwerfen. – Ein Streichholz wird auf die erwähnte Weise geknickt und befestigt. Ein zweites Streichholz wird an dem einen Ende gespalten, und in die Spalte wird das Ende des geknickten Streichholzes eingeklemmt, so daß beide eine gerade (waagerechte) Linie bilden. Das Ende des zweiten Streichholzes kann wieder in das gespaltene Ende eines dritten eingeklemmt werden, ja man kann sogar noch ein viertes Streichholz auf diese Weise anbringen. Wenn die Bruchstelle den Wassertropfen erhalten hat, werden alle Streichhölzer an der Bewegung teilnehmen, und das äußerste Streichholzende wird dabei einen ziemlich langen Weg, 15 cm oder mehr zurücklegen müssen. Stellt man auf den Weg desselben ein brennendes Licht, wird das Streichholz sich natürlich selbst anzünden können.– Auf das lange Stück eines auf dieselbe Weise angebrachten Streichholzes wird ein geknicktes Streichholz gehängt, so daß das eine Ende desselben die Tischfläche berührt; auf der unteren Seite dieses Endes wird ein wenig Tinte angebracht. Indem nun die Bewegung geschieht, wird das Streichholz selbst seinen Weg auf den Tisch zeichnen: *das schreibende Streichholz*. – Man bindet einen Nähfaden an das Ende eines derartig angebrachten Streichholzes. Am andern Ende des Fadens werden 3, 4 oder mehr Streichhölzer festgebunden. Wenn nun das geknickte Streichholz sich bewegt, wird es die andern mit sich ziehen: *das Streichholz als Lastträger*. – Ein nahe dem einen Ende geknicktes Streichholz wird mit einer Stecknadel an die innere Seite des auf der schmalen Kante stehenden äußeren Teiles einer Streichholzschachtel befestigt, so daß das lange, in die Schachtel hineinhängende Stück sich unter der Bewegung aufwärts bewegen muß. Quer über die obere Kante der Schachtel legt man ein Streichholz, welches, wenn die Bewegung vor sich geht, von dem andern gehoben oder heruntergeworfen wird.

Fig. 4

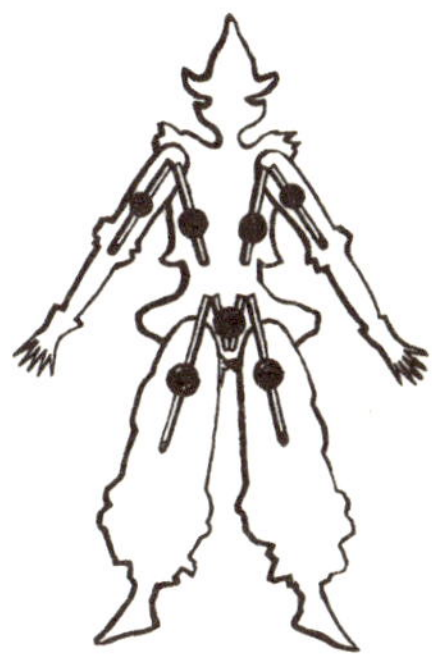

Fig. 5

Endlich benutzen wir dieselbe Eigenschaft geknickter Streichhölzer zur Herstellung beweglicher Menschen- und Tierfiguren. Wie aus Fig. 4–6 ersichtlich, schneidet man den Körper und die sich zu bewegenden Gliedmaßen einzeln aus steifem Papier; auf der Rückseite der Figur (die Vorderseite kann durch Zeichnung ausgefüllt und koloriert werden) befestigt man die Glieder in ihrer Ruhelage mittels geknickter Streichhölzer, von deren beiden, möglichst zusammengedrückten Teilen der eine an dem Körper, der andere an dem Glied mit Siegellack befestigt wird. Legt man nun die fertige Figur mit der Rückseite nach unten auf einen mit einer dünnen Wasserschicht versehenen flachen Teller, werden die Streichhölzer ihre belebende Tätigkeit beginnen. Läßt man nachher die Figur trocknen, kann sie wieder aufs neue benutzt werden. Außer den hier in sehr verkleinertem Maßstab dargestellten 3 Mustern (Tänzerin, Clown und Hahn) kann man natürlich eine Unzahl anderer geeigneter Figuren herstellen.*

Fig. 6

163 Das *Leiterspiel* wird mit nebenstehender Streichholzleiter, die nach Belieben länger oder kürzer gemacht werden kann, und einem Würfel gespielt. Die Teilnehmer, deren Anzahl gleichgültig ist, bezeichnen ihren Platz auf der Leiter mit Münzen, Knöpfen etc. Man geht vom Raum 1 aus, und es kommt nun darauf an, wer zuerst den Weg 1 bis 12 und wieder rückwärts 12 bis 1 zurücklegt. Die Bewegung jedes Teilnehmers wird von dem Würfel bestimmt; 1, 2, 3 Augen bedeuten 1, 2, 3 Stufen vorwärts; 4 Augen: stehenbleiben, 5 Augen: 1 Stufe rückwärts, 6 Augen: 2 Stufen rückwärts. Kommt man hinter einen anderen zu liegen, kann man über diesen hinweg in den nebenan liegenden lee-

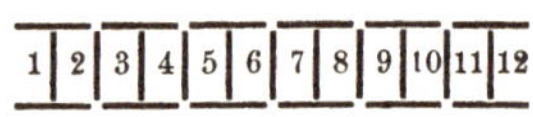

* Es sei hier bemerkt, daß eine *Erwärmung* der Bruchstelle dieselbe Wirkung auf ein geknicktes Streichholz hat wie die Anbringung des Wassertropfens.

ren Raum springen. Wird man durch den Würfel in einen schon besetzten Raum gebracht, muß man ebenso viele Stufen in entgegengesetzter Richtung gehen. Tiefer als 1 kann keiner kommen.

164 16 Streichhölzer sind fortzunehmen, so daß 2 Quadrate und 8 gleich große Sechsecke entstehen.

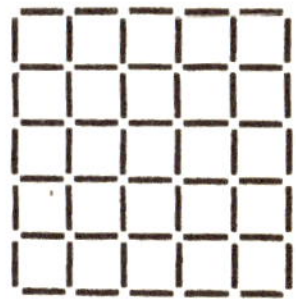

165 Hier liegen 8 Streichhölzer; 4 sind umzulegen, so daß ein regelmäßiges Kreuz entsteht.

166 Wie kann man mit 15 Streichhölzern einen Fluß darstellen, den kein Mensch gesehen hat?

167 Dieser griechische Tempel wird von 11 Streichhölzern gebildet. 4 Streichhölzer sind umzulegen, so daß 11 Quadrate entstehen.

168 3 Streichhölzer sind umzulegen, so daß 3 Quadrate entstehen.

169 An dieser aus 9 Streichhölzern gebildeten Waage sind 5 Streichhölzer umzulegen, so daß die Waage in die Gleichgewichtslage kommt.

170 6 Streichhölzer sind umzulegen, so daß 2 Quadrate entstehen.

171 Dieser Garten, dessen Umriß von 20 Streichhölzern gebildet wird und der in seiner Mitte einen kleinen quadratischen Teich enthält, soll
a) durch 18 Streichhölzer in 6 gleich große und gleichförmige Teile geteilt werden;
b) durch 20 Streichhölzer in 8 gleich große und gleichförmige Teile geteilt werden.

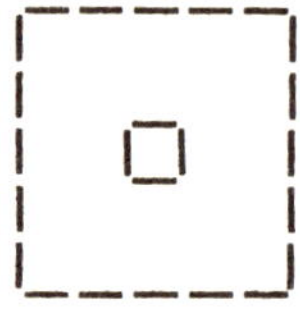

172 An diesem aus 12 Streichhölzern gebildeten Grabdenkmal sind 5 Streichhölzer umzulegen, so daß 3 Quadrate entstehen.

173 Für das *Streichholzschach* wird die nebenstehende Figur aus Streichhölzern zusammengelegt. Jeder der beiden Spieler besetzt abwechselnd einen der 16 Räume mit Münzen, Knöpfen etc.; derjenige, der dabei zuerst 3 Marken in schräger Richtung oder 4 Marken in gerader Richtung erhält, hat gewonnen.

174 Wie kann man mit 10 Streichhölzern 2 regelmäßige Fünfecke und 5 gleich große Dreiecke bilden?

175 20 Streichhölzer sind umzulegen, so daß 6 Quadrate gebildet werden (zwei Lösungen).

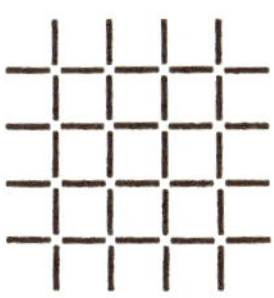

176 *Das Treppenspiel.* 2 Teilnehmer bezeichnen ihren Platz durch eine Münze, einen Knopf etc. Derjenige, der von der ersten Stufe (1) aus die letzte Stufe (7) zuerst erreicht, hat gewonnen; die Treppe kann natürlich viel größer gemacht werden, als sie hier ist. Werden mit einem Würfel 1, 2, 3 Augen geworfen, geht man ebenso viele Stufen vorwärts; werden 4 Augen geworfen, bleibt man stehen; 5 Augen bezeichnen, daß man eine Stufe rückwärts gehen muß; werden 6 Augen geworfen, muß man unter den Strich gehen und hier unten später nach links vorschreiten, bis man über 1, 2 ... wieder oben auf der Treppe vorwärtsgehen kann. Für denjenigen, der unterhalb der Treppe ist, haben die geworfenen Würfelaugen dieselbe Bedeutung wie vorhin; werden aber 6 Augen geworfen, kann man wieder über den Strich derselben Stufe hinaufspringen.

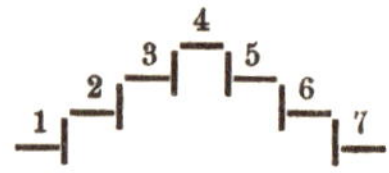

177 Auf dem Tisch liegen 5 Streichhölzer, in jeder Hand hat man 1 Streichholz. Man erzählt nun folgende Geschichte. Fünf Schafe (die fünf Streichhölzer) standen auf einer Wiese, im Wald aber hielten sich zwei Räuber auf (man zeigt die beiden Streichhölzer, die man in den Händen hat), und sie stahlen die Schafe, eins nach dem anderen (man nimmt Nr. 1 mit der linken Hand, Nr. 5 mit der rechten, Nr. 2 mit der linken, Nr. 4 mit der rechten, Nr. 3 mit der linken). Da kam der Hirte, und die Räu-

ber stellten die Schafe wieder zurück (1 aus der rechten Hand, 1 aus der linken, 1 aus der rechten, 1 aus der linken, 1 aus der rechten). [Jetzt hat man 2 Streichhölzer in der linken Hand, während die Zuschauer glauben, man habe 1 in jeder Hand.] Der Hirte entfernte sich, und die Räuber nahmen wieder die Schafe, eins nach dem andern (man beginnt mit der linken Hand). Jetzt aber kamen Soldaten, die Räuber entflohen und ließen die Schafe im Wald zurück. Man öffnet die Hände, und siehe da: in der einen Hand sind die 5 Schafe, in der anderen die 2 Räuber.

178 6 Streichhölzer sind umzulegen, so daß aus den zwei Weingläsern ein Haus wird.

179 11 Streichhölzer sind umzulegen, so daß sämtliche Streichhölzer ein Netz bilden.

180 12 ganze und 12 halbe Streichhölzer sind so zu legen, daß sie 13 gleich große Quadrate bilden.

181 4 Streichhölzer sind umzulegen, so daß aus der Wetterfahne ein Haus wird.

182 Aus 19 Streichhölzern ist eine regelmäßige Figur zu bilden, die 26 verschiedene, aus je 2 Streichhölzern gebildete T's und 11 verschiedene, aus je 3 Streichhölzern gebildete H's enthält.

183 18 Streichhölzer sind fortzunehmen, so daß 3 Quadrate und 6 gleich große Sechsecke entstehen.

184 Von sieben Streichhölzern sollen fünf Streichhölzer fortgenommen werden, so daß man noch fünf übrigbehält.

185 Aus 11 Streichhölzern ist eine regelmäßige Figur zu bilden, die 10 verschiedene, aus je

2 Streichhölzern gebildete T's und 5 verschiedene, aus je 3 Streichhölzern gebildete H's enthält.

186 Wie kann man mit 25 Streichhölzern einen europäischen Staat darstellen?

187 An diesem aus 15 ½ Streichhölzern gebildeten, schwermütigen Schwein sind 6 ½ Streichhölzer umzulegen, so daß es 1) ein munteres Schwein und 2) ein neugieriges Schwein wird.

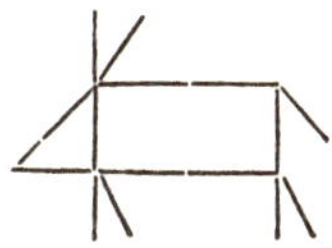

188 8 Streichhölzer sind umzulegen, so daß 5 Quadrate entstehen.

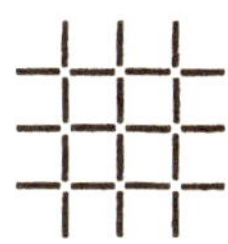

189 6 oder 4 Streichhölzer sind umzulegen, so daß 2 Quadrate entstehen.

190 10 Streichhölzer sind fortzunehmen, so daß 10 Quadrate übrigbleiben.

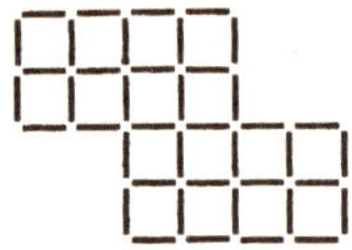

191 11 Reisende kamen in ein Gasthaus, in welchem nur 10 Betten waren:

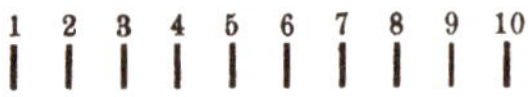

Damit doch jeder sein eigenes Bett bekomme, verfuhr der Wirt auf folgende Weise. Vorläufig legt er zwei Reisende in das erste Bett. Dann legt er den dritten Reisenden in das zweite Bett, den vierten Reisenden in das dritte Bett und so fort ... endlich den zehnten Reisenden in das neunte Bett. Nun ist also noch ein Bett leer. Dann holt er den elften Reisenden, der zu zweit im ersten Bett liegt, und legt ihn in das noch leere Bett. Also liegt jeder allein in seinem Bett. (Der Kniff ist ein sehr grober; trotzdem verblüfft der Scherz in der Regel.)

192 3 Streichhölzer sind umzulegen, so daß aus dem Leuchter ein Hut wird.

193 *Das Wettrennspiel.* Jeder der beiden Teilnehmenden spielt mit seinem eigenen Pferd. Ein solches bildet man, indem man ein Streichholz an zwei Stellen knickt und dann die beiden äußeren Teile in je zwei Hälften spaltet, welche die Beine des Pferdes darstellen (spaltet man die beiden äußeren Enden in je drei Teile, kann man auch den Hals mit Kopf und den Schwanz darstellen). Die Pferde sollen den Weg von 1 bis 16 zurücklegen; derjenige, der zuerst 16 erreicht, hat gewonnen. Ein Würfel bestimmt die Bewegung jedes Pferdes. Werden 1, 3, 5 Augen geworfen, bleibt das betreffende Pferd stehen, während die geraden Anzahlen 2, 4, 6 Augen halb so viele (also 1, 2, 3) Räume vorwärts bezeichnen. Kommen beide Pferde in schräger Richtung zueinander, kann das eine Pferd das andere schlagen; das geschlagene Pferd muß dann wieder von vorne (im Raum 1) anfangen, während das andere dessen Platz einnimmt.

13	12	5	4
14	11	6	3
15	10	7	2
16	9	8	1

194 12 ganze und 8 halbe Streichhölzer sind so zu legen, daß sie 9 gleich große Quadrate bilden.

195 Aus 23 Streichhölzern ist eine regelmäßige Figur zu bilden, die 34 verschiedene, aus je 2 Streichhölzern gebildete T's und 13 verschiedene, aus je 3 Streichhölzern gebildete H's enthält.

196 16 Streichhölzer sind umzulegen, so daß 9 Quadrate entstehen.

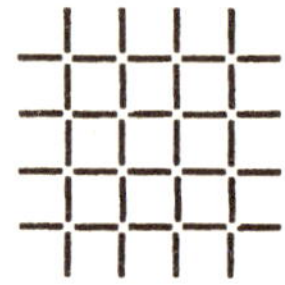

197 Wie bringt man es dazu, daß 27, je 5 cm lange Streichhölzer, die nicht geteilt werden dürfen, nebeneinandergelegt eine Meile ausmachen?

198 6 ganze und 4 halbe Streichhölzer sind so zu legen, daß sie 5 gleich große Quadrate bilden.

199 6 Streichhölzer sind umzulegen, so daß 6 gleich große und symmetrisch liegende Vierecke gebildet werden.

200 6 Streichhölzer sind umzulegen, so daß 6 Quadrate entstehen.

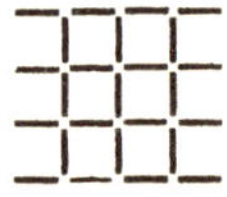

201 An diesem aus 16 Streichhölzern gebildeten Pfeil sind a) 8 Streichhölzer umzulegen, so daß 8 gleich große Dreiecke entstehen, oder b) 7 Streichhölzer umzulegen, so daß 5 gleich große Vierecke entstehen.

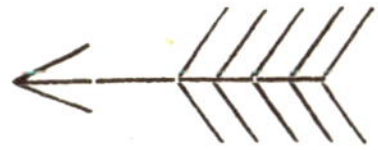

202 20 Streichhölzer sind umzulegen, so daß 5 Quadrate entstehen.

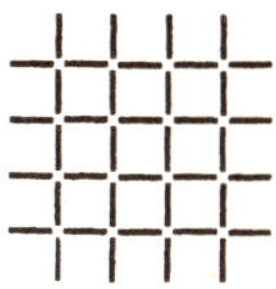

203 6 Streichhölzer sind umzulegen, so daß aus der Krone dasjenige wird, was der Inhaber derselben besitzt.

204 14 Streichhölzer sind umzulegen, so daß 3 Quadrate entstehen.

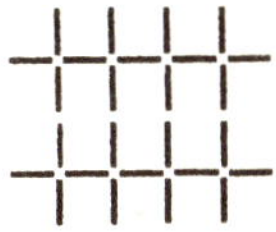

205 An dieser Laterne sind 6 Streichhölzer umzulegen, so daß 4 gleich große Dreiecke entstehen, die zusammen ein Viereck bilden.

206 6 Streichhölzer sind umzulegen, so daß 4 gleich große Quadrate entstehen.

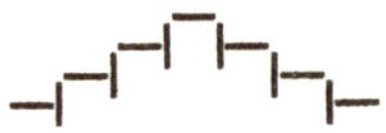

207 An dieser Axt sind 4 Streichhölzer umzulegen, so daß 3 gleich große Dreiecke entstehen.

208 Aus 13 Streichhölzern ist ein Helm zu bilden, und diesem sind 7 Streichhölzer beizufügen, so daß das Ganze einen Kaiser darstellt.

209 Die Lösung der scheinbar schwierigen Aufgabe, mit 1 Streichholz 15 Streichhölzer zu heben, ist ebenso leicht wie hübsch. Quer auf ein auf dem Tisch liegendes Streichholz (welches wir mit A bezeichnen können) legt man abwechselnd rechts und links im ganzen 14 Streichhölzer dicht nebeneinander, und zwar so, daß die Köpfe auf dem Tisch ruhen, während die andern Enden 1–1½ cm über A hinausragen. Auf jeder Seite befinden sich also jetzt 7 Köpfe. In die von den andern Streichholzenden gebildete Furche legt man dann ein 16tes Streichholz oberhalb und parallel mit A. Hebt man nun letzteres, indem man es an dem einen Ende anfaßt, wird man zu seiner Überraschung sehen, daß die 15 übrigen Streichhölzer mit in die Höhe folgen. Recht große, dicke und viereckige Streichhölzer sind erforderlich.*

210 a) 4 Streichhölzer sind umzulegen, so daß aus diesem 12strahligen Stern ein 4strahliges Kreuz wird. b) An diesem Kreuz sind 8 Streichhölzer umzulegen, so daß ein aus 4 Kreuzen bestehendes Kreuz gebildet wird. c) An

* Scherz-Variante: Wie kann man 50 oder mehr Streichhölzer mit 1 Streichholz heben? – Man nimmt eine Streichholzschachtel, die 50 oder mehr Streichhölzer enthält, und steckt von außen zwischen dem inneren und äußeren Teil der Schachtel ein Streichholz ein, mit welchem man die Schachtel hebt.

diesem Kreuz sind wiederum 8 Streichhölzer umzulegen, so daß 4 Quadrate entstehen. d) Endlich sind noch 8 Streichhölzer umzulegen, so daß eine Mühle gebildet wird.

211 Wie kann man mit Hilfe von 12 Streichhölzern leicht Wein in Tinte verwandeln?

212 16 Streichhölzer sind umzulegen, so daß 5 Quadrate entstehen.

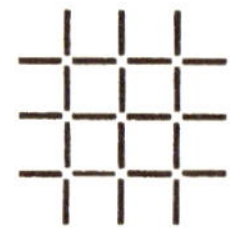

213 An dieser Lampe sind 3 Streichhölzer umzulegen, so daß 5 gleich große Dreiecke entstehen.

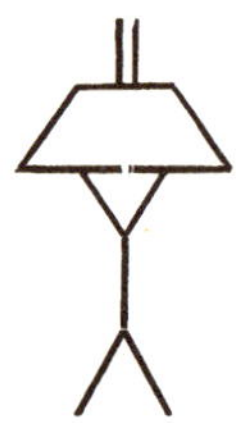

214 *Das Zickzackspiel.* Hier gilt es, an allen Ecken von 1 bis 29 vorbeizukommen. Die Anzahl von Ecken, die jeder Teilnehmer vorschreiten kann, wird durch einen Würfel bestimmt; 1, 2, 3, 4, 5 Augen bezeichnen ebenso viele Ecken vorwärts; werden 6 Augen geworfen, muß man, wenn man oberhalb der Linie ist, in die entsprechende Ecke unterhalb der Linie springen

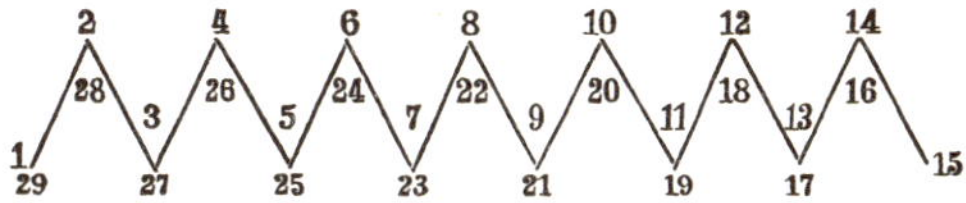

(z. B. von 8 nach 22); ist man dagegen unterhalb der Linie, springt man in die entsprechende Ecke oberhalb derselben (also z. B. von 22 nach 8). Der Platz eines jeden Teilnehmers wird durch Münzen oder Knöpfe bezeichnet. Bei dem letzten Wurf muß man genau nach 29 kommen; hat man zu viele Augen geworfen, muß man eine den überzähligen Augen entsprechende Anzahl Ecken wieder rückwärts gehen. Derjenige, der zuerst 29 erreicht, hat gewonnen.

215 Einem Juwelier ist ein mit 25 Perlen besetztes Kreuz verpfändet worden. Die Perlen sind so angebracht, daß unten und oben, unten und rechts und unten und links immer 9 Perlen stehen. Der Juwelier stahl nach und nach 2, 2, 2, 2, 2, 2 und 2 (im ganzen 14) Perlen, und trotzdem befanden sich stets wie vorher in allen drei Richtungen 9 Perlen. Wie waren die Perlen jedesmal angebracht?

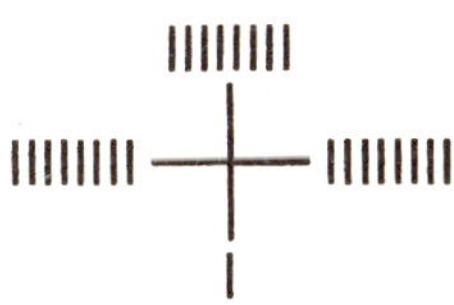

216 16 Streichhölzer sind so umzulegen, daß 3 Quadrate entstehen.

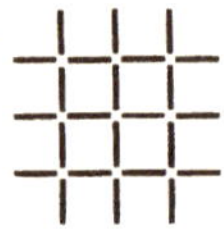

217 3 Streichhölzer sind umzulegen, so daß 2 gleich große Dreiecke und ein Sechseck entstehen, die zusammen ein Rechteck bilden.

218 Wie kann man mit Streichhölzern eine Ente in einem Zelt darstellen?

219 Man legt eine willkürliche,

nicht allzu kleine Anzahl Streichhölzer in eine Reihe, schreibt mit Kreide über 9 aufeinanderfolgende Streichhölzer die Zahlen 1 bis 9 und bittet eine andere Person, sich eine dieser 9 Zahlen zu denken. In Gedanken wählt man selbst eine willkürliche, nicht zu kleine Zahl (z. B. 23) und zählt, von 9 ausgehend, weiter rechts (wenn die Reihe zu Ende ist, wird vorne fortgesetzt) 10, 11, 12 usw., bis man zu 23 kommt (hier das mit 4 bezeichnete Streichholz). Man bittet nun den anderen, von der von ihm gedachten Zahl auszugehen und von dort in Gedanken weiter rechts bis 23 zu zählen, indem man ihm gleichzeitig mitteilt, daß er bei der Zahl 23 das hier mit 4 bezeichnete Streichholz erreichen wird. Dieses ist natürlich auch der Fall; wie einfach aber dieses kleine Kunststück auch ist, erregt es doch immer Verwunderung, wenn es nicht zu oft wiederholt wird.

220 10 Streichhölzer sind fortzunehmen, so daß 3 Quadrate und 5 gleich große Sechsecke entstehen.

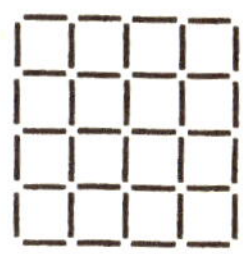

221 Man legt 8 Streichhölzer untereinander mit den Köpfen teils rechts, teils links, wie hier angegeben. Nr. 1 legt man nun auf eine andere Stelle des Tisches als das erste einer neuen Reihe; Nr. 2 legt man unten in der alten Reihe (also unter 8); Nr. 3 unter Nr. 1, Nr. 4 wieder unter Nr. 2 und so fort: abwechselnd ein Streichholz zu der neuen Reihe und eins unten in die alte. Setzt man dies solange wie möglich fort, so werden die Streichhölzer zuletzt in der neuen Reihe wie nebenan gezeigt liegen.

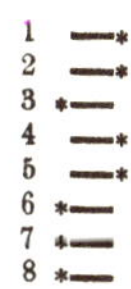

Bei 8 Streichhölzern ist die ursprüngliche Reihenfolge also diese: 2, 1, 2, 3.

Es gilt nun die Reihenfolge zu finden, wenn die Anzahl der Streichhölzer nicht 8, sondern 3, 4, 5, 6, 7, 9, 10, 11, 12, 20 und 30 ist.

222 Zur Belustigung kleiner Kinder kann man aus Streichhölzern und Kartonpapier oder Spielkarten äußerst leicht eine Menge verschiedene Ge-

genstände herstellen. Um einen *Stuhl* zu verfertigen, schneidet man aus Papier zweimal die in a dargestellte Form; an den mit Punkten bezeichneten Stellen bohrt man Löcher, in diese werden Streichhölzer gesteckt, so daß nur die äußersten Enden hervorstehen, und der Stuhl ist fertig (b). Auf ähnliche Weise bildet man eine *Wiege* (c), ein *Bett* (d), eine *Bank* (e und f), einen *Schaukelstuhl* (g), einen *Schlitten* (h), eine *Tragbahre* (i), eine *Leiter* (k), eine *Doppelleiter* (l), ein *Haus* (m und u), einen *Turm* (o), einen *Wagen* (p) (die Räder werden aus 4 runden Papierscheiben gebildet; man kann auch einen Wagen aus dem inneren Teil einer Streichholzschachtel machen, indem man unmittelbar am Boden zwei Streichhölzer quer hineinsteckt und an diesen 4 Räder anbringt), eine *Schubkarre* (q und r). Einen *Tisch* macht man, indem man ein viereckiges Stück Papier wie in s bricht, worauf 4 Streichhölzer in die unteren umgebrochenen Kanten eingesteckt werden. Einen *Korb* bildet man aus einem runden oder viereckigen Ring und einer unteren, kleineren, runden oder viereckigen Scheibe (t und u).

223 Wie kann man es machen, daß ein Streichholz in senkrechter Stellung im Wasser schwimmt?

224 In einem Hotel sitzen 36 Schauspieler an drei in einem Dreieck aufgestellten Tischen A, B und C, 12 Personen an jedem Tisch, und kneipen so lange, bis sie schließlich bemerken, daß die gesamte Barschaft lange nicht zur Bezahlung der Zeche ausreicht. Man läßt den Wirt holen, lädt ihn ein, an der einen Dreieckspitze Platz zu nehmen, und nach kurzem Weiterkneipen macht der Komiker Felix den Vorschlag, daß es doch der langwierigen Rechnung wegen einfacher sei, wenn einer allein die Zeche bezahle, und zu dem Zweck wolle man, irgendwo beginnend, immer 7 abzählen; der siebente solle dann stets sich entfernen, und wer zuletzt als siebenter allein übrigbleibe, habe dann den ganzen Betrag zu bezahlen. Alles stimmt zu, auch der Wirt. Die Auszählung beginnt, ein Schauspieler nach dem andern entfernt sich, und zu bezahlen hat die Zeche – der geprellte Wirt.

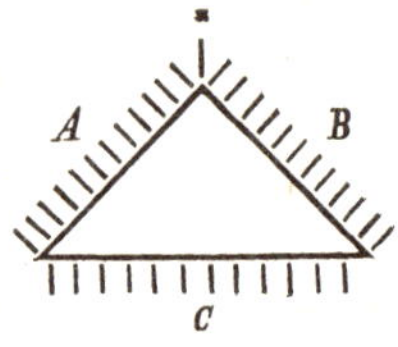

Wo saß Felix, von dem aus man zu zählen anfing, und in welcher Richtung wurde gezählt? (Vgl. Nr. 97 und 122.)

225 4 Streichhölzer sind umzulegen, so daß 3 Quadrate gebildet werden.

226 3 Reisende (3 Streichhölzer) kommen mit 3 Führern (3 Streichhölzer ohne Kopf) zu einem Fluß. Sie sollen hier mit einem Boot (z. B. eine halbe Walnußschale), welches nur 2 Personen auf einmal faßt, übersetzen. Die Reisenden haben kein Vertrauen zu den Führern, weshalb die Überfahrt auf die Weise gemacht werden soll, daß auf keinem Ufer sich jemals mehr Führer als Reisende befinden. Wie ist dies zu machen?

227 14 Streichhölzer werden in einen Kreis mit den Köpfen nach innen gelegt; man geht von einem der Streichhölzer aus und kehrt stets jedes siebente Streichholz um (so daß der Kopf nach außen kommt), bis alle umgekehrt sind. Die schon umgekehrten werden immer mitgezählt, jedes siebente Streichholz aber, zu dem man nach und nach kommt, muß ein noch nicht umgekehrtes sein. Wie löst man diese Aufgabe? – Man geht von einem willkürlichen Streichholz aus, welches man sich merkt, und das siebente darauf folgende wird umgekehrt. Von diesem letzten anfangend, zählt man 7 Streichhölzer weiter vorwärts und kehrt also das 13. Streichholz um. So fährt man fort, bis man das Streichholz, von welchem die Zählung begann, umgekehrt hat. Indem man jetzt weiterzählt, beginnt man nicht wie in allen übrigen Fällen (auch später) bei dem zuletzt umgekehrten Streichholz, sondern bei dem darauf folgenden. Durch diesen Kniff, den man so ausfüh-

ren muß, daß er unbemerkt bleibt, wird die Aufgabe gelöst. Die Streichhölzer werden in der folgenden Reihenfolge umgekehrt: 7, 13, 5, 11, 3, 9, 1, 8, 14, 6, 12, 4, 10, 2.

Dasselbe Kunststück kann man mit 10, 18, 22, 26 ... Streichhölzern ausführen, wenn entsprechend jedes 5., 9., 11., 13. ... Streichholz ausgezählt wird.

228 Wie kann man mit Streichhölzern beweisen, daß nichts übrigbleibt, wenn man von acht fünf fortnimmt?

229 Von Balancierungskünsten, die man mit Streichhölzern ausführen kann, sollen hier die merkwürdigsten erwähnt werden. Man bindet einen Bindfaden fest um den oberen Teil des Halses einer Flasche, legt das Ende eines Streichholzes waagerecht auf den Pfropfen, und während man das Streichholz mit einem Finger festhält, bindet man den Faden in einen Knoten stramm über das Streichholz zusammen. Man kann jetzt letzteres herausnehmen, um zu zeigen, daß es in Wirklichkeit gar nicht befestigt ist. Bringt man es wieder in die vorige Lage und legt es auf eine Tischkante, so wird die Flasche, die ziemlich groß und schwer sein kann, von dem Streichholz getragen werden.

Steckt man die Spitze eines nicht ganz geöffneten Taschenmessers in die Seite eines Streichholzes, so daß der Schaft nach unten kommt, wird das Streichholz (je nach der Stellung des Messers) in senkrechter, schiefer oder waagerechter Lage auf einer Fingerspitze, auf dem Ende oder der Spitze eines anderen Streichholzes, auf der Ecke oder Kante einer Streichholzschachtel, auf der Spitze, dem Kopf oder der Seite einer Stecknadel usw. balancieren können.

Läßt man das Streichholz mit dem Messer in senkrechter Stellung auf dem Ende eines Streichholzes, welches man waagerecht in der Hand hält, balancieren, kann man unter dem letzten Streichholzende das Ende eines zweiten waagerechten Streichholzes anbringen und darauf das erste loslassen; es wird trotzdem seine Stellung behalten. Unter dem Ende des zweiten Streichholzes kann man wieder ein drittes anbringen usw.

Balanciert ein Streichholz mit Messer auf dem Ende eines waagerechten Streichholzes, kann man auf die Spitze des balancierenden Streichholzes ein zweites Streichholz stellen, an welchem auf ähnliche Weise ein (am besten etwas kleineres) Messer angebracht ist. Ja, man kann sogar auf die Spitze dieses zweiten balancierenden Streichholzes ein drittes mit einem Messer versehenes Streichholz stellen.

Steckt man das Ende eines Streichholzes in einen Pfropfen, in dessen Seiten 2 Gabeln einander gegenüber eingesteckt werden, so daß die Schäfte etwas nach unten hängen, wird das Streichholz auf fast jedem beliebigen Punkt, auf welchen es gestellt wird, balancieren können.

230 Wie kann man mit 2 Streichhölzern ein Kreuz bilden, ohne sie übereinanderzulegen?

231 Du nimmst ein Streichholz in die eine Hand, streckst beide Arme und Hände möglichst weit voneinander aus und behauptest, daß Du, ohne die Hände einander zu nähern, das Streichholz von der einen Hand in die andere bringen kannst. Antwortet man nein, gehst Du eine Wette ein, welche Du gewinnst; Du legst nämlich das Streichholz auf den Tisch, drehst Dich um und nimmst es mit der anderen Hand wieder auf.

232 Quer über den inneren Teil einer Streichholzschachtel bindet man zweimal einen Bindfaden, welcher über eine der von dem Boden und den langen Seiten gebildeten Kanten stramm zusammengeknüpft wird. Zwischen den beiden Fäden, welche dicht nebeneinander quer über die Mitte des offenen Teiles der Schachtel und mit den zwei kurzen Seiten parallel gehen, steckt man ein Streichholz ein und dreht dasselbe einige Male um die von den Fäden gebildete Achse, bis die Fäden so stark gespannt sind, daß das Streichholz, wenn man es mit seinem langen Ende auf eine der kurzen Schachtelseiten hinunterspannt und es

darauf losläßt, mit einem kräftigen Schlag auf die entgegengesetzte Seite hinüberspringt. Man bringt jetzt das Streichholz in die gespannte Lage und steckt parallel mit demselben unter die Fäden auf dem Boden ein zweites Streichholz ein, so daß beide gleich viel über eine der kurzen Schachtelseiten hinausragen. Beide Streichholzenden werden dann durch ein Stückchen Papier gesteckt, wodurch das Zurückspringen des gespannten Streichholzes verhindert wird. Legt man nun die derartig vorbereitete Schachtel mit dem Boden nach oben auf einen Teller oder ähnlichen Gegenstand und zündet das Papier an, wird kurz darauf, wenn die Flamme eins der beiden Löcher im Papier erreicht hat, die ganze Vorrichtung plötzlich in die Höhe springen und nach einigen Purzelbäumen sich mit dem Boden nach unten wieder hinlegen. Der Scherz kann nach Belieben wiederholt werden; man braucht nur jedesmal ein neues Papierstückchen anzubringen.

233 4 Streichhölzer sind umzulegen, so daß 3 Quadrate gebildet werden.

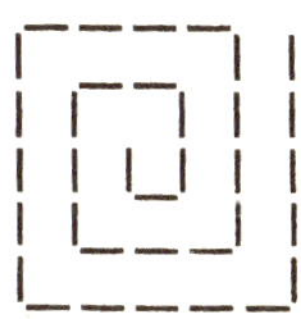

234 Wie kann man mit einem Streichholz, welches nicht geknickt oder geteilt werden darf, ein Dreieck bilden?

235 Nebenstehende Figur wird von 24 Streichhölzern gebildet. An 7 von den 8 Spitzen des Sterns sollen 7 Streichhölzer gelegt werden, indem man jedesmal von einer nicht belegten Spitze ausgeht und längs einer der von derselben ausgehenden Linien nach der gegenüberliegenden Spitze zieht, wo das Streichholz gelegt wird. Derjenige, welcher die zu befolgende Methode nicht kennt, wird sich viele vergebliche Mühe machen. – Das ganze Geheimnis besteht darin, daß man stets diejenige Spitze belegt, von welcher der vorhergehende Zug ausging. Geht man z. B. von a aus und legt das erste Streichholz bei 1, so muß man das nächste Mal von b ausgehen und das zweite Streichholz bei a legen. Die darauf folgenden Züge sind also: c–b (3. Streichholz), d–c (4), e–d (5), f–e (6), g–f (7). (Vgl. Nr. 42.)

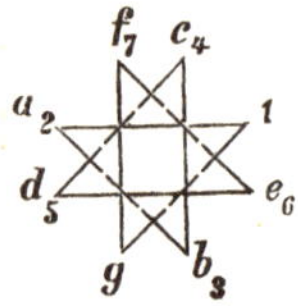

236 Das Ende eines Streichholzes wird gespalten und in die Spalte das zugespitzte Ende eines andern Streichholzes eingeklemmt, so daß beide einen möglichst spitzen Winkel bilden, der als Reiter auf die Schneide eines Tischmessers oder dergleichen gesetzt wird, so daß beide Streichholzköpfe eine glatte, waagerechte Fläche nur eben berühren. Es gilt nun, das Messer, ohne daß Hand oder Arm unterstützt werden dürfen, so ruhig zu halten, daß der Reiter in der angegebenen Stellung sich nicht bewegt. Es ist dieses so gut wie unmöglich; in den meisten Fällen wird der Reiter von der das Messer haltenden Hand fortreiten. Um das Experiment wirkungsvoller zu machen, kann man jedem Streichholz in der Mitte einen Bruch geben, so daß sie den Beinen eines Reiters ähnlich werden, während der übrige Teil des Körpers aus Papier geschnitten und an dem Vereinigungspunkt der beiden Streichholzenden befestigt wird.

237 Zwischen dem Zeigefinger und Daumen jeder Hand halte ich ein Streichholz; das Streichholz in der linken Hand halte ich waagerecht, dasjenige in der rechten Hand senkrecht; ich nähere die Hände einander, so daß die Streichhölzer sich kreuzweise gegenüberstehen. Nun mache ich mit den Händen eine schnelle Bewegung, und siehe! die Streichhölzer bilden ein Kreuz wie zuvor, jetzt ist aber das senkrechte Streichholz innerhalb des waagerechten und dieses also auch innerhalb des senkrechten gekommen. Ich bewege wieder die Hände, und die Streichhölzer sind wie früher wieder außerhalb einander. Ich wiederhole das Kunststück, sooft es gewünscht wird, niemand kann aber begreifen, wie es zu erklären ist. – Dieses nette Kunststückchen, welches ein wenig Übung erfordert, wird auf folgende Weise ausgeführt. Das senkrechte Streichholz ist so angebracht, daß der Kopf nach unten gerichtet ist und also auf dem Daumen ruht, während der Zeigefinger sich auf das kopflose Ende stützt.

Drücke ich diese Finger ein wenig zusammen, heftet das Streichholz sich an den Zeigefinger, und hebe ich diesen ein wenig, folgt das Streichholz mit. Durch die auf diese Weise gebildete kleine Öffnung zwischen dem Streichholz und Daumen führe ich schnell und unbemerkt das waagerechte Streichholz hinein oder hinaus, wonach die Öffnung jedesmal sofort wieder geschlossen wird.

238 3 Streichhölzer sind umzulegen, so daß 6 gleich große Vierecke entstehen.

239 a) 12 Streichhölzer sind hinzuzulegen, so daß 9 gleich große Vierecke und 3 gleich große, regelmäßige Sechsecke gebildet werden.

b) 18 Streichhölzer sind hinzuzulegen, so daß 12 gleich große Vierecke und 6 gleich große, regelmäßige Sechsecke gebildet werden.

240 Hier liegen 9 Streichhölzer, 3 in jeder Reihe. 6 Streichhölzer sind hinzuzulegen, so daß in 6 Reihen 5 Streichhölzer, in 2 Reihen 7 Streichhölzer liegen.

241 14 Streichhölzer sind so zu legen, daß sie 5 gleich große Vierecke und 2 regelmäßige Sechsecke bilden.

242 Diese Figur wird von 4 Streichhölzern gelegt und stellt einen musikalischen Rebus dar. Wie heißt dessen Auflösung?

243 6 Streichhölzer sind umzulegen, so daß 3 gleich große, symmetrisch liegende Vierecke gebildet werden.

244 Ein Mann kommt mit einem Wolf (ein Streichholz), einer Ziege (ein halbes Streichholz) und einem Korb Kohl (ein Streichholzkopf) an einen Fluß. Hier befindet sich ein Boot (eine Walnußschale), es ist jedoch so klein, daß es nur den Mann und einen der erwähnten drei Gegenstände tragen kann. Wie muß der Mann die Überfahrt ausführen, damit er alle drei Gegenstände unbeschadet an das andre Ufer bringt? (Wolf und Ziege oder Ziege und Kohl dürfen natürlich nicht allein gelassen werden.) (Vgl. Nr. 226.)

245 4 Streichhölzer sind umzulegen, so daß 4 gleich große Vierecke entstehen.

246 4 Streichhölzer sind umzulegen, so daß 3 gleich große Vierecke und 1 Sechseck gebildet werden.

247 5 oder 4 Streichhölzer sind umzulegen, so daß 2 Quadrate entstehen.

248 12 Streichhölzer sind so zu legen, daß sie 2 regelmäßige Sechsecke und ein Viereck bilden.

249 Aus 16 Streichhölzern sind 5 gleich große Vierecke zu bilden. 1 Streichholz wird hinzugefügt, und 4 Streichhölzer werden umgelegt, so daß 6 ebenso große Vierecke und 2 regelmäßige Sechsecke entstehen.

250 8 Streichhölzer sind so umzulegen, daß 2 Quadrate entstehen.

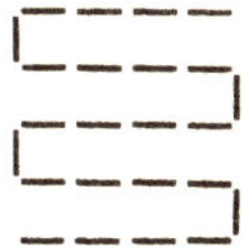

251 Zwei Personen spielen mit 15 Streichhölzern. Jeder kann abwechselnd bis zu 4 Streichhölzer fortnehmen; wer die letzten bekommt, hat verloren. Wie muß man es machen, um zu gewinnen?

252 6 Streichhölzer sind umzulegen, so daß 6 gleich große, eine regelmäßige Figur bildende Vierecke entstehen.

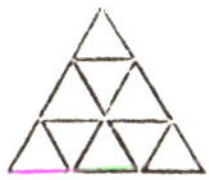

253 4 Streichhölzer sind umzulegen, so daß aus dem Schlüssel 3 Quadrate werden.

254 6 Streichhölzer sind umzulegen, so daß 4 Dreiecke und 1 Sechseck gebildet werden.

255 6 Streichhölzer sind umzulegen, so daß statt der 12 gleich großen Dreiecke 12 gleich große Vierecke gebildet werden.

256 12 Streichhölzer sind fortzunehmen, so daß 4 gleich große Sechsecke entstehen.

257 4 Streichhölzer sind umzulegen, so daß 5 Dreiecke entstehen.

258 8 Streichhölzer sind umzulegen, so daß 5 Quadrate gebildet werden.

259 7 Streichhölzer sind umzulegen, so daß statt der 4 gleich großen Dreiecke 4 gleich große Vierecke gebildet werden.

260 6 oder 4 Streichhölzer sind umzulegen, so daß 6 gleich große Dreiecke und 1 Sechseck entstehen.

261 Nebenstehende Figur wird von Streichhölzern gebildet oder mit Kreide auf den Tisch gezeichnet. In 8 der Felder sollen nun 8 Münzen oder Streichhölzer so gelegt werden, daß keine der Reihe, weder in gerader noch in schräger Richtung, mehr als 1 Münze oder 1 Streichholz enthält.

262 5 Streichhölzer liegen auf dem Tisch. Versuche sie nun derartig aufzuheben, daß zuerst Nr. 1 von beiden Daumen gehoben wird, darauf Nr. 2 von beiden Zeigefingern, Nr. 3 von den Mittelfingern, Nr. 4 von den Ringfingern und Nr. 5 von den kleinen Fingern, so daß zuletzt alle fünf Streichhölzer zwischen je zwei gleichnamigen Fingern angebracht sind.

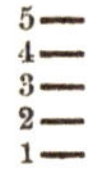

Ist es Dir nach vieler Mühe gelungen, diese schwierige Aufgabe zu lösen, kannst Du versuchen, auf ähnliche Weise statt eines Streichholzes deren zwei oder gar drei zwischen je zwei Fingern anzubringen.

263 6 Streichhölzer sind umzulegen, so daß 6 gleich große Vierecke gebildet werden.

264 4 ganze und 4 halbe Streichhölzer liegen nebeneinander, wie hier angegeben. Durch 4 Züge sollen sie nun so geordnet werden, daß die 4 ganzen sowie die 4 halben Streichhölzer zusammenliegen; darauf sollen sie durch 4 weitere Züge wieder in ihre ursprüngliche Lage ge-

bracht werden. Bei jedem Zug werden 2 nebeneinanderliegende Stück umgelegt, deren Reihenfolge und Abstand während des Zuges nicht verändert werden dürfen, und nach dem achten Zug sollen die Streichhölzer wieder auf derselben Stelle des Tisches wie zu Anfang liegen.

Auf ähnliche Weise, wie es hier mit 4 Paaren geschieht, versuche man, 5 Paare durch 5 Doppelzüge, ferner 6 Paare durch 6 Doppelzüge umzulegen.

265 3 Streichhölzer sind umzulegen, so daß 3 gleich große Vierecke entstehen.

266 Während Du selbst beiseite gehst, läßt Du einen anderen einen Kometen wie den nebenstehenden legen; die Anzahl der Streichhölzer sowohl im Kopf wie im Schweife kann er indessen ganz nach Belieben wählen. Du läßt ihn an eine willkürliche Zahl (die doch größer sein muß als die Anzahl der Streichhölzer des Schweifes) denken, und darauf mit 1 anfangend und von a ausgehend in der Richtung

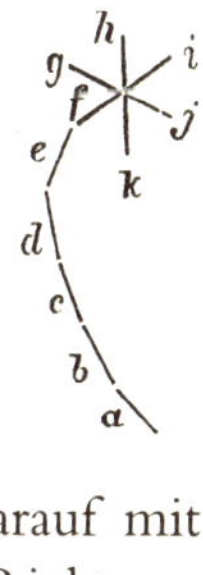

a b c d e f g h i j k f g h i etc. zählen, bis er zu der gedachten Zahl kommt. Von dem dadurch erreichten Streichholz und mit 1 anfangend zählt er wieder in entgegengesetzter Richtung und zwar nur im Kopf des Kometen (also in der Richtung i h g f k j i h etc.) bis zu der gedachten Zahl. Dasjenige Streichholz, bei welchem die Zählung beendet ist, muß er sich genau merken; denn Du bist imstande, ihm es anzugeben, wie immer der Komet gelegt und wie groß die gedachte Zahl auch sein mag. Dieses Streichholz findest Du nämlich, indem Du von k ausgehst und in der Richtung k j i h g f k j etc. bis zu der Zahl zählst, welche die Anzahl der Schweifstreichhölzer angibt; in dem nebenstehenden Kometen enthält der Schweif 5 Streichhölzer, so daß Du von k ausgehend bis 5 zählen müßtest, wodurch Du nach g kommen würdest; g ist aber auch gerade das betreffende Streichholz. Ist die gedachte Zahl z. B. 8, zählt man von a bis h, und darauf von h in entgegengesetzter Richtung, wodurch man g erreicht.

267 a) 2 Streichhölzer sind umzulegen, so daß 6 Quadrate entstehen. b) 2 Streichhölzer sind umzulegen, so daß 7 Quadrate entstehen. c) 4 Streichhölzer sind umzulegen, so daß 10 Quadrate entstehen.

268 *Das Umlegespiel.* Jeder der Teilnehmer bildet aus 16 Streichhölzern die erste der beiden nebenstehenden Figuren. Es gilt nun, mit einem 17. Streichholz die auf dem Tisch liegenden Streichhölzer, die nicht mit den Fingern berührt werden dürfen, so umzulegen (zu verschieben), daß die zweite Figur gebildet wird. Wer zuerst fertig wird, hat gewonnen. Selbstverständlich können auch andere Figurenpaare benutzt werden.

269 *Das magnetische Streichholz.* Man spaltet ein Streichholz vorsichtig der Länge nach und macht auf der inneren Seite beider Hälften eine Furche, worin man eine mit einem Magneten gestrichene Nähnadel anbringt, worauf beide Hälften wieder genau zusammengeleimt werden (bis der Leim getrocknet ist, kann man das Streichholz mit einem Nähfaden umwickeln). Dieses Streichholz ist nun, wenn die Arbeit sorgfältig ausgeführt worden ist, von einem gewöhnlichen nicht zu unterscheiden; man kann aber, wenn man es auf einer Wasserfläche zum Schwimmen bringt, mit ihm dieselben Experimente wie mit einer Magnetnadel ausführen.

270[*] a) Wie viele Streichhölzer muß man in eine Reihe legen, um von der Erde bis zur Sonne zu reichen (Entfernung 150 Millionen km)? b) Wieviel würden diese Streichhölzer kosten, wenn 100 Streichhölzer 1 Pfennig kosten?

271 a) Wie viele Streichhölzer können in einem Kubikmeter Platz finden? b) Eine wie lange Strecke würden diese Streichhölzer, in eine Reihe gelegt, einnehmen?

272 a) Wie viele Streichholzquadrate können auf einem Quadratmeter liegen, und b) wie viele Streichhölzer sind nötig, um diese Quadrate zu bilden? c) Wie viele Streichholzquadrate können auf einem Quadratkilometer liegen, und d) wie viele Streichhölzer sind dazu erforderlich?

273 Wie viele 58 mm lange, 38 mm breite und 20 mm hohe Streichholzschachteln faßt ein Kubikmeter?

[*] In den nun folgenden Aufgaben, die meistens ohne Schwierigkeit im Kopf ausgerechnet werden können, ist die Länge eines Streichholzes mit 50 mm, die Breite und Dicke desselben mit 2 mm angesetzt worden.

274 Wie viele Streichhölzer braucht man, um vom Nordpol bis zum Südpol zu reichen, a) wenn sie in eine Reihe durch den Erdmittelpunkt gelegt werden (Länge der Erdachse 12 700 km) oder b) wenn sie längs des kürzesten Weges auf der Erdoberfläche gelegt werden (Länge des halben Erdumkreises 20 000 km)?

275 Ein amerikanischer Streichholzfabrikant findet bei einem Juwelier in Paris ein aus 40 Perlen bestehendes Halsband, welches er zu kaufen wünscht. Da der Preis desselben ihm indessen zu hoch ist, schlägt der Juwelier ihm vor, daß er für die erste Perle 1 Streichholz bezahle, für die zweite 2 Streichhölzer, für die dritte 4 Streichhölzer und so fort: stets die doppelte Anzahl Streichhölzer für jede fernere Perle bis zur vierzigsten. Der Fabrikant geht hierauf ein. Wie viele Streichhölzer mußte er für das Perlenhalsband liefern, und wie teuer wurde ihm dieses, wenn 1000 Streichhölzer ihn 1 Pfennig kosten?

276 Wie viele Jahre muß eine Fabrik arbeiten, um 1 Billion Streichhölzer herzustellen, wenn sie täglich 1 Million liefern kann?

277 Eine Streichholzschachtel enthält eine gewisse Anzahl Streichhölzer. Werden sie in Reihen gelegt, 3 Streichhölzer in jede Reihe, bleibt 1 Streichholz übrig, werden 4 in jede Reihe gelegt, bleiben 2 übrig, werden 5 in jede Reihe gelegt, bleiben 3 übrig, und werden 6 in jede Reihe gelegt, bleiben 4 übrig. Wie viele Streichhölzer enthielt die Schachtel?

278 a) Einen wie langen Weg muß man gehen, um 1000 Streichhölzer in eine Reihe zu legen, wenn man jedes einzelne Streichholz von dem Ausgangspunkt holen muß, und b) wieviel Zeit braucht man dazu, wenn man 5 km in der Stunde geht? c) Einen wie langen Weg muß man gehen, um auf ähnliche Weise 1 Million Streichhölzer auszulegen, und d) wieviel Zeit braucht man dazu?

279 Wie lange braucht man, um eine Billion Streichhölzer zu zählen, wenn man in jeder Sekunde drei zählen kann?

280 Wie viele Streichhölzer braucht man, um von der Erde bis zum Mond zu reichen (Entfernung 375 000 km)?

281 a) Wie viele Streichhölzer bilden einen Kilometer? b) Wenn diese Streichhölzer in der Form eines vierseitigen Prismas, welches die Länge eines Streichholzes lang und breit ist, aufeinandergelegt werden, wie hoch wird dann dieses Prisma?

282 Eine Billion Streichhölzer liegen der Länge nach nebeneinander in einer waagerechten Linie, die an dem einen Ende angezündet wird. a) Wie lange dauert es, ehe die Flamme das andere Ende erreicht, wenn sie ½ Minute braucht, um von dem einen Ende eines Streichholzes bis zu dessen anderem zu gehen? b) Wie lange Zeit würde der Lichtstrahl, welcher in jeder Sekunde 300 000 km zurücklegt, brauchen, um dieselbe Strecke zurückzulegen?

283 Wie viele Streichhölzer können aus einem 10 m langen, 1 m breiten und dicken, viereckigen Baumstamm gemacht werden?

284 a) Wie viele 2 cm hohe Streichholzschachteln müßten aufeinandergestellt werden, um die Höhe des Eiffelturms (300 m) zu erreichen? b) Wie viele Streichhölzer müßten aufeinandergestellt werden, um dieselbe Höhe zu erreichen?

285 a) Wie viele Streichhölzer faßt ein Kubikkilometer? b) Wie lange müßte eine Fabrik arbeiten, um diese Anzahl herzustellen, wenn sie täglich 1 Million Streichhölzer liefern kann? c) Wie viele 7½ m lange, 3½ m breite und 4 m hohe Eisenbahnwagen würden zum Transport dieser Streichhölzer notwendig sein? d) Wie lang würde dieser Eisenbahnzug sein, wenn man für jeden Wagen mit Kuppelung etc. 10 m Länge rechnet? e) Wenn dieser Zug mit Eilfahrt (100 km in der Stunde) fährt, wieviel Zeit würde er dann gebrauchen, um eine Station zu passieren?

*

Hat Dir das Streichholz des Geistes Funken im Spiel nun erweckt,
Magst Du den Funken erwecken, der in dem Streichholze steckt.

Auflösungen

Das Streichholz war geduldig –
Du bist ihm Gleiches schuldig.

1 

2 Man zählt derartig, daß der Narr das erste Mal Nummer 3 wird.

3 

4 

6 

a) b)

7

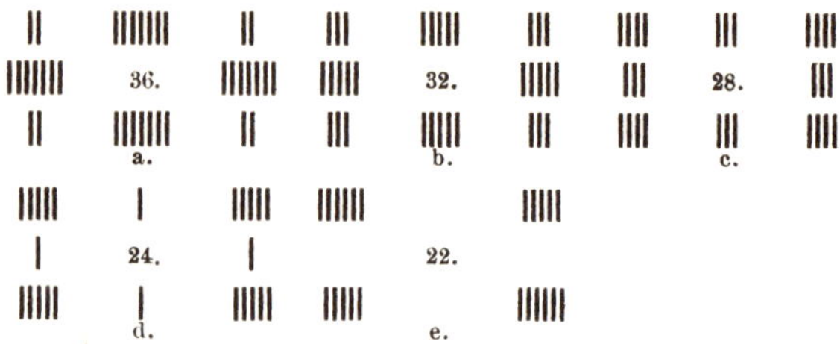

8

Im ersten Fall: hier:

$1 \cdot 10 = 10$ $5 \cdot 6 = 30$

9

2	auf	6	4	zwischen	5	u.	6
1	"	6	3	"	5	"	6
8	"	12	11	"	5	"	6
7	"	12	13	auf	11		
9	"	5	14	"	11		
10	"	5	15	"	11		

10 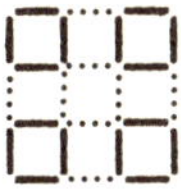

11

6	nach	5	2	nach	4	4	nach	6
4	"	6	1	"	2	2	"	4
3	"	4	3	"	1	3	"	2
5	"	3	5	"	3	5	"	3
7	"	5	7	"	5	7	"	5
8	"	7	9	"	7	6	"	7
6	"	8	8	"	9	4	"	6
4	"	6	6	"	8	5	"	4

12 

13 

14 EIN EI

15 

1. 2.

16 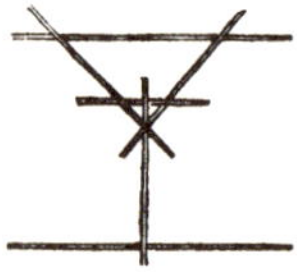

17 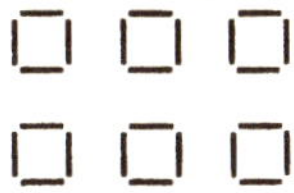

18 

19 

20 

21 

22 

23

7	auf	4	11	auf	6
12	"	3	10	"	2
9	"	1	8	"	5

24 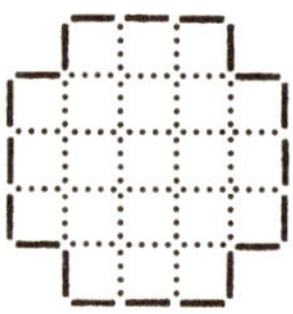

21

3 · 7 = 21

25 

26 Man legt eins der äußersten Streichhölzer neben das zweite äußere Streichholz.

27

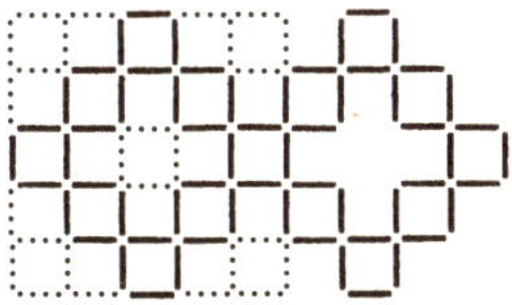

29

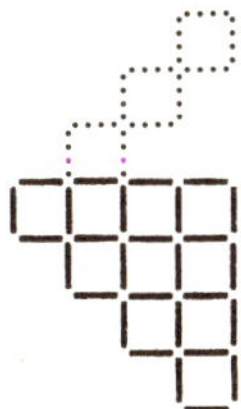

30 ZWEI

31

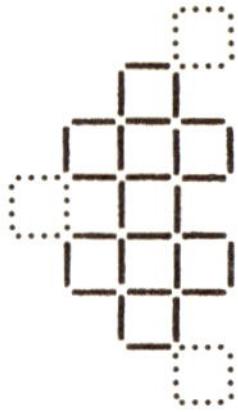

32

1	auf	5	2	auf	6
6	"	10	12	"	9
3	"	7	8	"	11
9	"	6	4	"	9

33

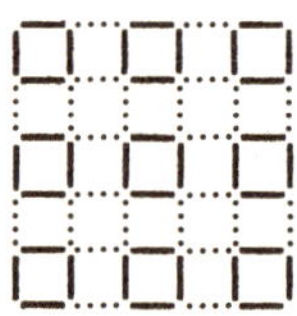

34

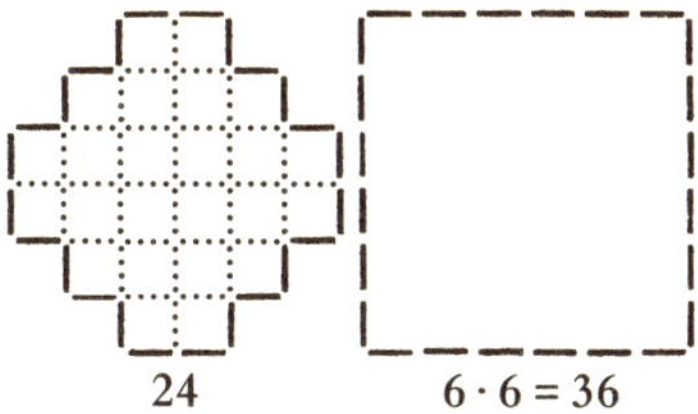

35

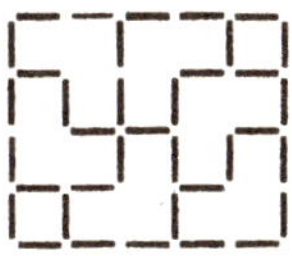

36

37

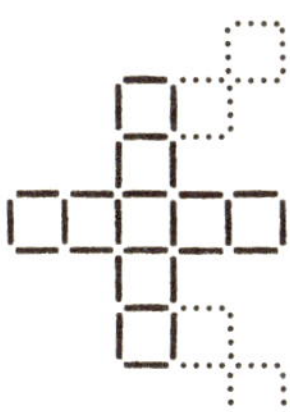

38

a) b)

39

40

E L F

41

2	nach	3	1	nach	3
4	"	2	2	"	1
5	"	4	4	"	2
3	"	5	3	"	4

42 Man beginnt bei a und geht über b nach c, wo die erste Münze gelegt wird. Dann von f über g nach a, wo die zweite Münze gelegt wird. Darauf d–e–f (dritte Münze); b–c–d (vierte Münze); g–a–b (fünfte Münze); e–f–g (sechste Münze). Jede Münze wird also an den Punkt gelegt, von welchem der vorhergehende Zug ausging.

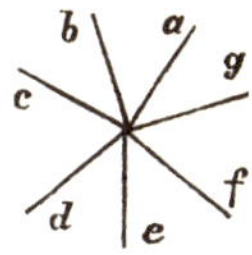

43

44

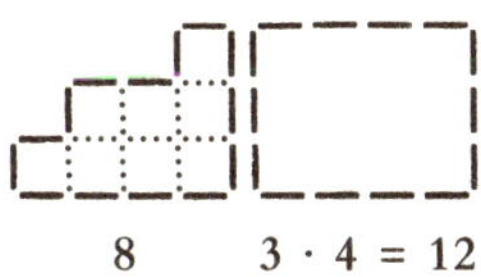

45 Die beiden das Viereck bildenden Streichhölzer werden in der Mitte geknickt.

46 

47 X X X V I

48 

50 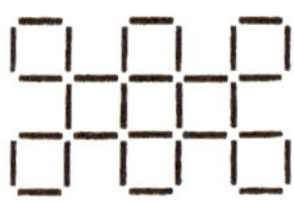

51 Z E H N

52

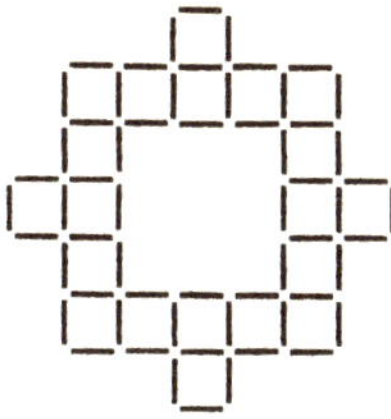

53

54

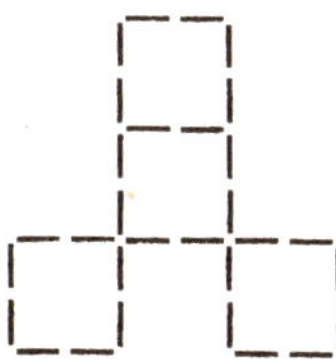

56 V I

57

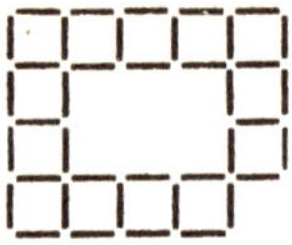

58

14 $\qquad$ $4 \cdot 7 = 28$

59

60

61

63 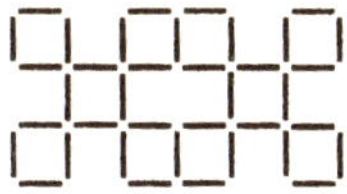

64 Man hält den mittleren Teil mit den Zähnen fest oder faßt die beiden äußeren Teile mit den Fingern der einen Hand.

65 

66 Man legt 3 Streichhölzer zu einem Haufen zusammen und 6 zu einem anderen; dann hat man 3 Streichhölzer und ein halbes Dutzend Streichhölzer.

67

69 

70 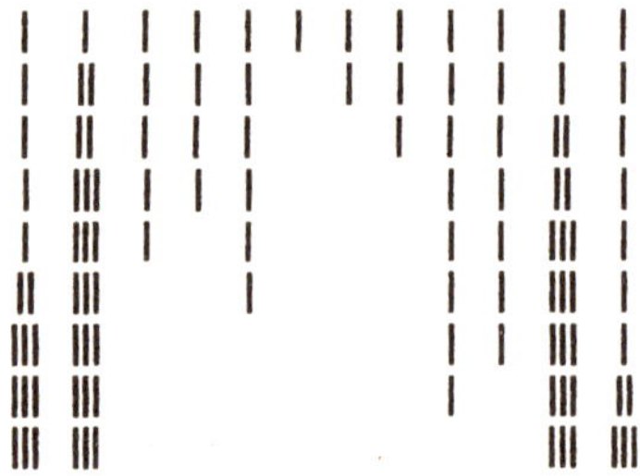

71 

72 

73 Er ist Fabrikant von Streichinstrumenten.

74

76

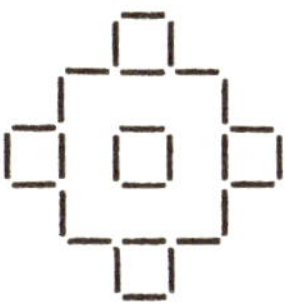

77

a) $1 \cdot 12 = 12$

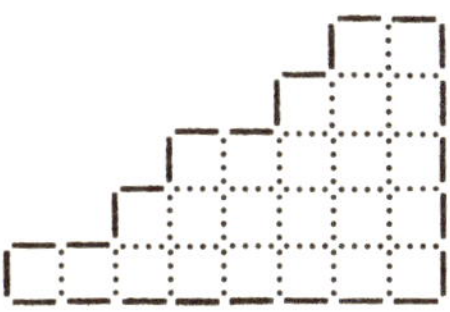

24

b) $4 \cdot 9 = 36$

78

79

Man legt die beiden Streichhölzer so an eine Tischecke, daß die beiden Kanten der Tischplatte die zwei Seiten des Quadrats bilden.

80

81

3	nach	4	1	nach	2	4	nach	6
5	"	3	3	"	1	2	"	4
6	"	5	5	"	3	3	"	2
4	"	6	7	"	5	5	"	3
2	"	4	6	"	7	4	"	5

82

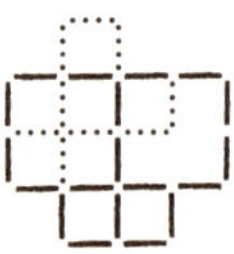

83 TELL

84 Zwei der Streichhölzer werden in der Mitte geknickt.

85

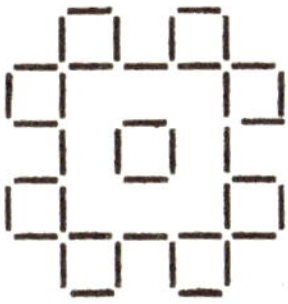

86

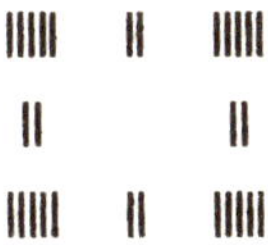

87

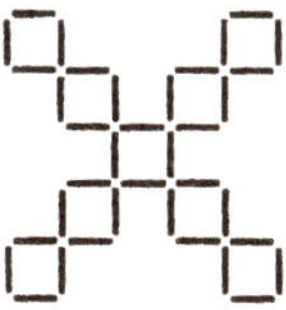

88

89 NIL

90 

91 In der einen Diagonalreihe liegen 6 Streichhölzer, in den übrigen Reihen 4.

92 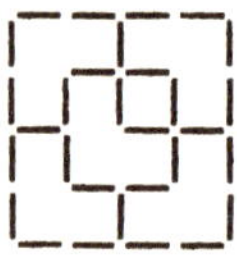

93 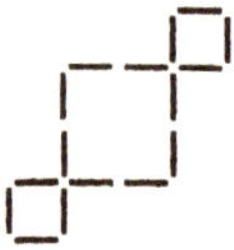

94 

95 

96 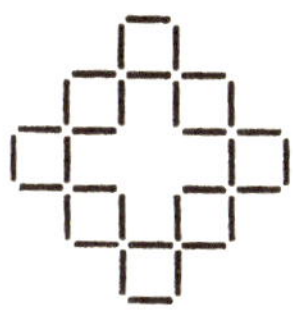

97 Bei Nr. 6 vom Wirt aus an dessen linker Hand.

98 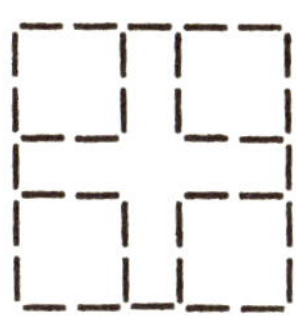

99 

100 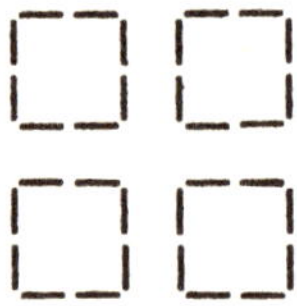

101 

1. 2. 3.

102 

103 Schulze muß dafür sorgen, daß nach seinem ersten oder zweiten Griff 9, nach seinem dritten Griff 5 Streichhölzer übrig sind; dann wird er in allen Fällen gewinnen.

104 

105 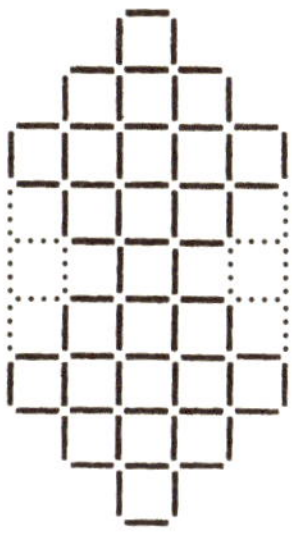

106

4	bei	1	6	bei	2
7	"	3	8	"	10
5	"	9			

107 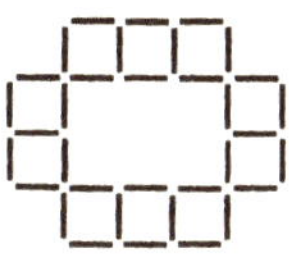

108 I V

109 

110 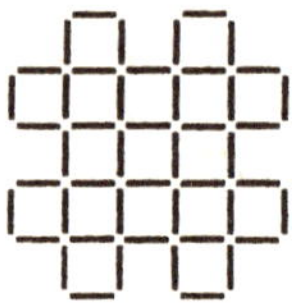

112 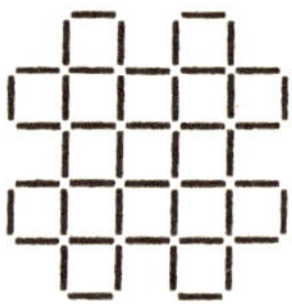

113 

115

1. 2. 3.

116 V I I I

117

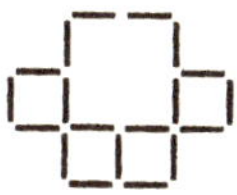

118 Man legt die beiden fortgenommenen Streichhölzer wieder hinzu.

119

120

121 

122 Hans Pfiffig hatte seinen Platz in der Mitte der links von dem Wirt sitzenden 7 Studenten.

123 

124 Die 12 inneren Streichhölzer werden fortgenommen und zu einem neuen Quadrat zusammengelegt.

126 Die zwei letzten Streichhölzer werden zu den 3 zuerst fortgenommenen gelegt, so daß dieselbe Figur natürlich leicht gebildet werden kann.

127

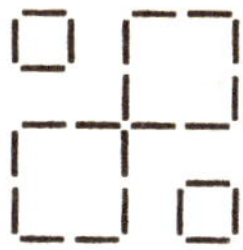

129

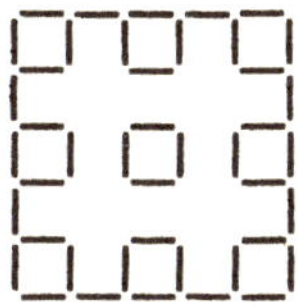

130

131 Mit 3 Streichhölzern bildet man auf dem Tisch ein Dreieck, und an den drei Ecken stellt man in schräger Stellung die 3 andern Streichhölzer auf, indem man sie oben vereinigt festhält. (Sind es sehr breite Streichhölzer, werden sie wohl auch ohne Unterstützung stehen können.)

132

1. 2.

133

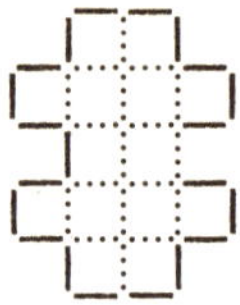

14

$4 \cdot 7 = 28$

134

135

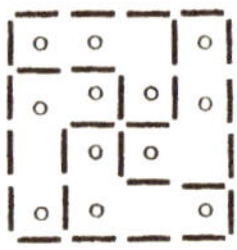

136

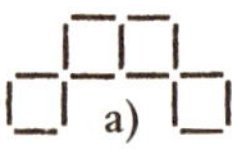

a)

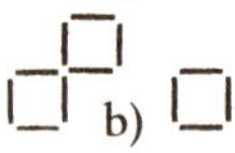

b)

137

5	nach	2
3	"	7
4	"	1
6	"	8

138 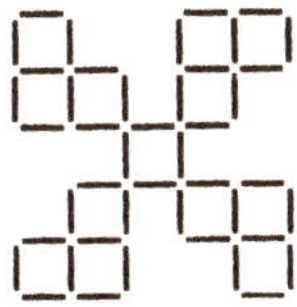

139 

140 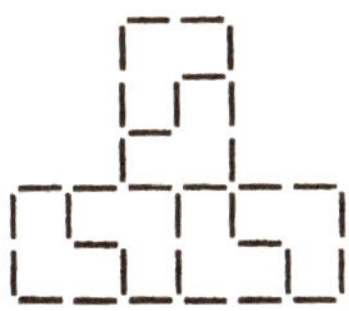

141 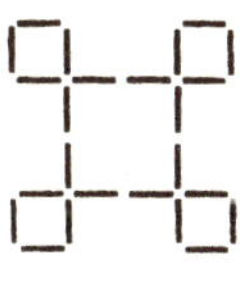

142 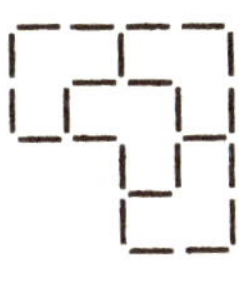

143 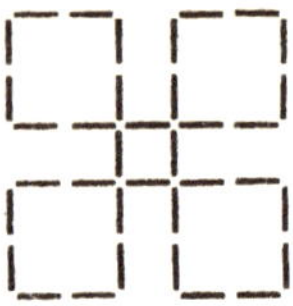

144 Ein Angestellter aus einer Zündwarenfabrik.

145 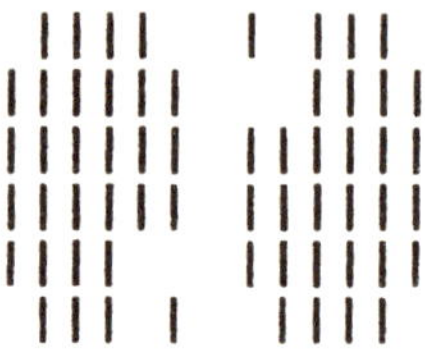

1. 2.

146 

147 

148 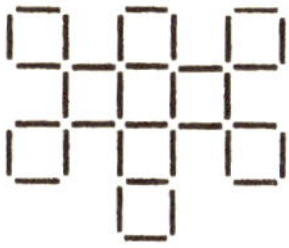

149 E H E

150 Die vier inneren Streichhölzer werden fortgenommen und zu einem neuen Quadrat zusammengelegt.

152 Er muß dafür sorgen, daß er die Anzahlen 2, 9, 16 und 23 erreicht. Das erste Mal nimmt er also 2; nimmt nun B z. B. 4, nimmt A 3, usw.

153 

12 $4 \cdot 9 = 36$

155 

156 3 Streichhölzer werden umgelegt.

157 

159 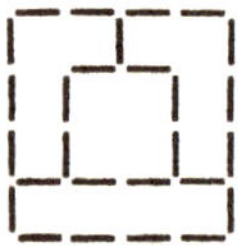

160 

161 

164 

165 

166 L E T H E

167 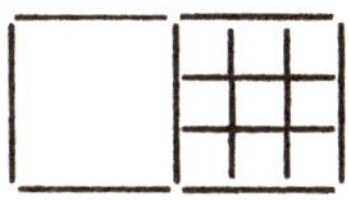

168 

169 

170

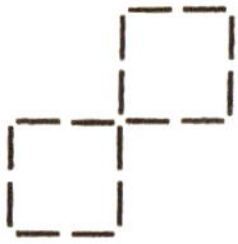

171

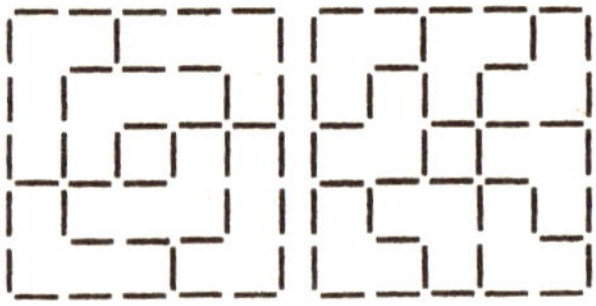

a) b)

172

174

175

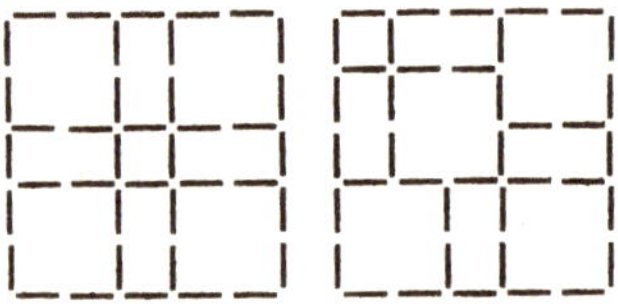

1) 2)

178 

179 EIN NETZ

180 

181 

182 

183 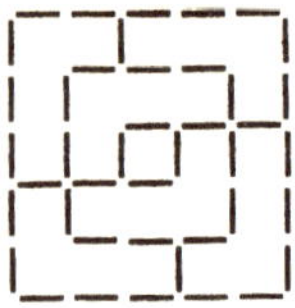

184 X V I I I – V

185 

186 H E L V E T I E N

187 

1. 2.

188 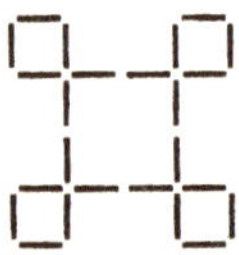

189 

190 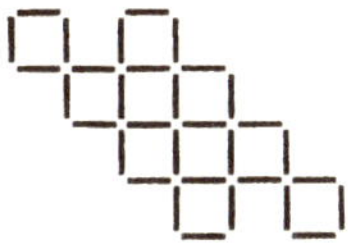

192 

194 

195 

196 

197 EINE MEILE

198 

199 

200 

201 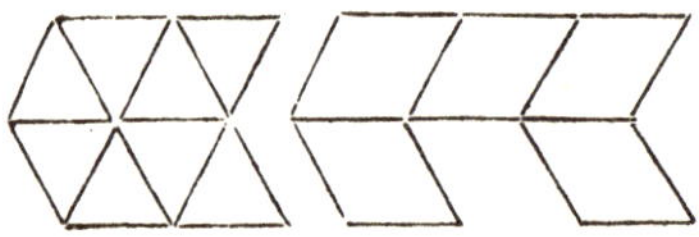

202

203

204

205

206

207

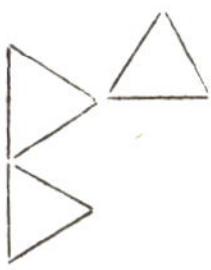

208 W I L H E L M

210

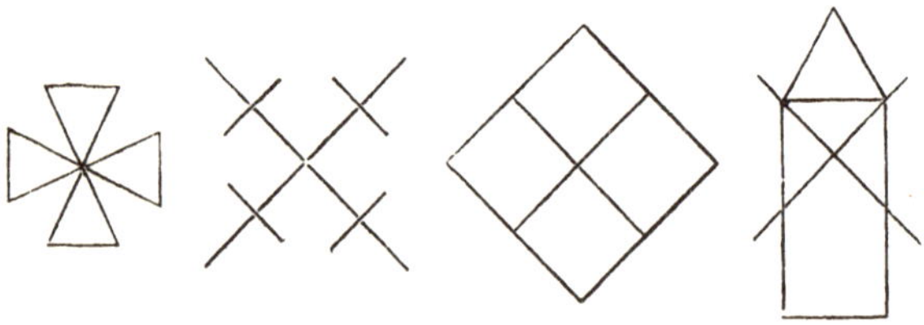

a. b. c. d.

211 W E I N T I N T E

212 

213

215

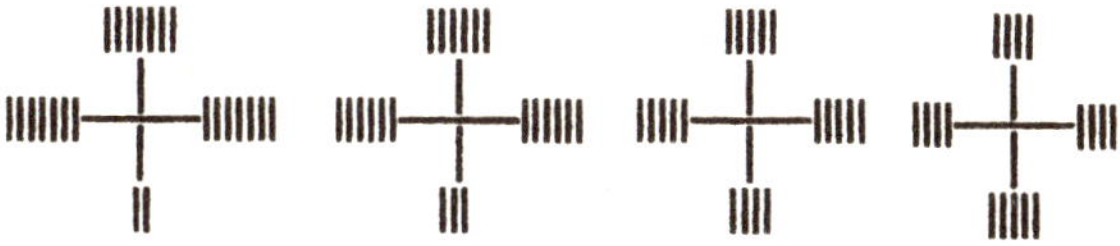

23. 21. 19. 17.

15. 13. 11.

216

217

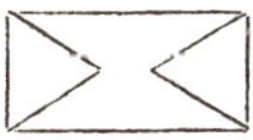

218

EINE ENTE IN
EINEM ZELT

220 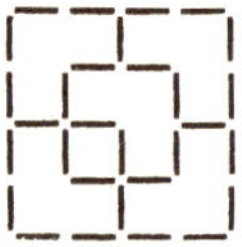

221 3 Streichhölzer: 2, 1. 4 Str.: 2, 2. 5 Str.: 2, 2, 1. 6 Str.: 1, 3, 2. 7 Str.: 1, 2, 3, 1. 9 Str.: 2, 2, 1, 2, 2. 10 Str.: 1, 3, 2, 1, 2, 1. 11 Str.: 2, 1, 3, 2, 1, 2. 12 Str.: 2, 2, 1, 3, 2, 1, 1. 20 Str.: 2, 2, 1, 3, 2, 1, 2, 2, 3, 2. 30 Str.: 1, 2, 3, 2, 1, 2, 3, 1, 2, 3, 2, 2, 1, 3, 2.

Wünscht man diese Reihenfolgen im Gedächtnis zu behalten, muß man sie durch verschiedene Sätze oder Wortverbindungen ausdrücken, indem man 1, 2, 3 mit den Vokalen a, e, i bezeichnet. 20 Streichhölzer z. B.: »Telegraphie Max lernte nie.« 30 Streichhölzer: »Am Rhein lebt man fein, das weiß jeder Mainzer.«

223 Man schneidet mit einer Schere den Kopf oder etwas mehr von einer Stecknadel ab (wie viel, muß durch Versuche gefunden werden; es hängt von der Größe des Streichholzes und der Stecknadel ab) und steckt das übrige der Länge nach in das kopflose Ende des Streichholzes hinein. Will man andere mit dem Kunststückchen überraschen, muß man das Stecknadelstück so sorgfältig anbringen, daß es nicht leicht bemerkt wird.

224 Felix war Nr. 2 von oben am Tisch A, und man zählte in der Richtung ABC.

225 

226 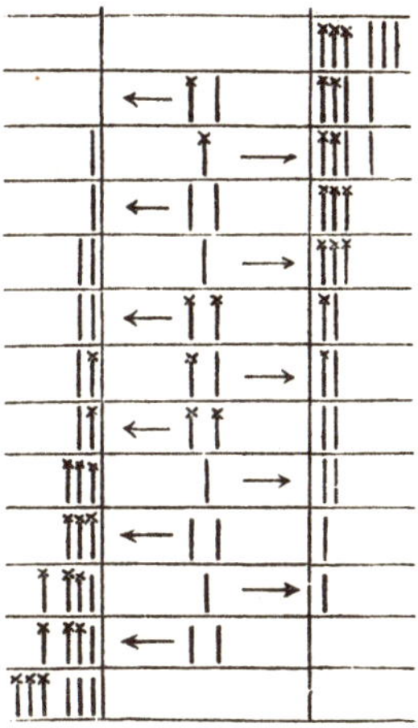

228 V I I I

230 Wenn sie angekohlt sind, zeichnet man mit ihnen ein Kreuz auf Papier.

233 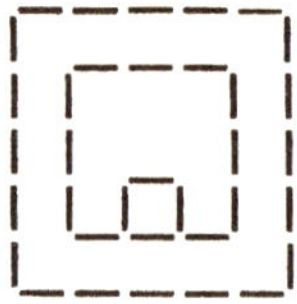

234 Man legt das Streichholz so auf eine Tischecke, daß die beiden Kanten der Tischplatte die zwei Seiten des Dreiecks bilden.

238 

239 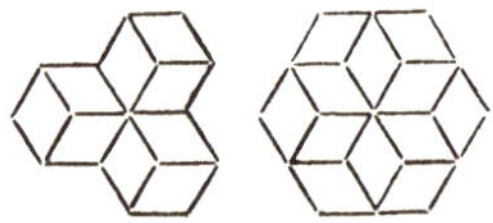

1. 2.

240 

241 

242 Ein Streichquartett; Tonart: *G-dur* (ein Kreuz), Tempo: *con-fuoco* (mit Feuer), Ausführung: hölzern.

243 

244 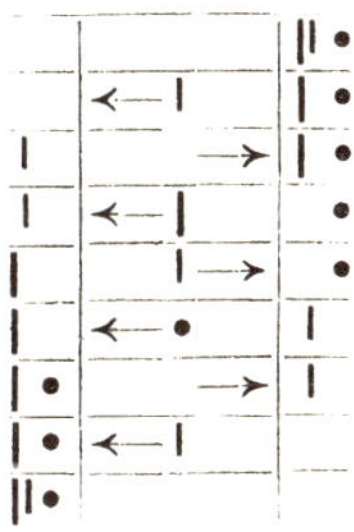

245 

246 

247 

1. 2.

248 

249 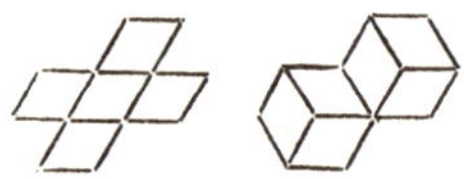

1. 2.

250 

251 Man sorgt dafür, daß beim vorletzten Ziehen des Gegners noch 6 Streichhölzer übrig sind.

252 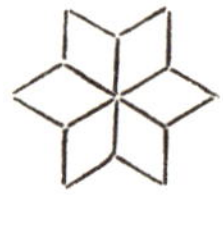

253 

254 

255 

256 

257 

258 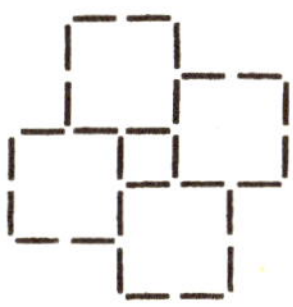

259 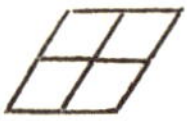

260 

261 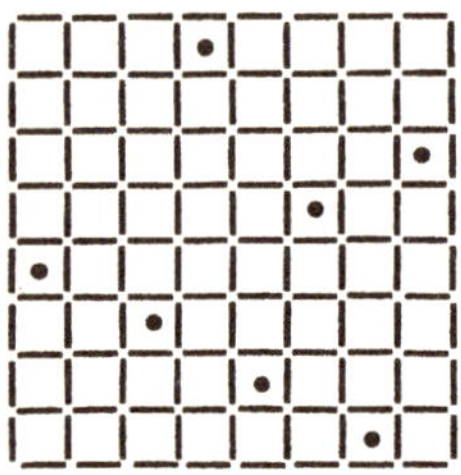

Es gibt noch zahlreiche andere Lösungen.

263 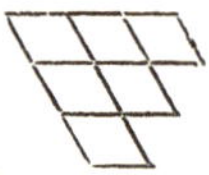

264 Bezeichnet man die beiden nächsten Plätze rechts mit 9 und 10, geschehen die Züge folgendermaßen.

2, 3	nach	9, 10	Zurück:	8, 9	nach	1, 2
5, 6	"	2, 3		5, 6	"	8, 9
8, 9	"	5, 6		2, 3	"	5, 6
1, 2	"	8, 9		9, 10	"	2, 3

Bei 5 Paaren sind die ersten 5 Züge die folgenden:

2, 3	nach	11, 12	10, 11	nach	4, 5
7, 8	"	2, 3	1, 2	"	10, 11
4, 5	"	7, 8			

Bei 6 Paaren sind die ersten 6 Züge die folgenden:

2, 3	nach	13, 14	6, 7	nach	10, 11
5, 6	"	2, 3	12, 13	"	6, 7
10, 11	"	5, 6	1, 2	"	12, 13

Die Aufgabe läßt sich auch auf jede beliebige größere Anzahl von Paaren anwenden.

Bei 3 Paaren wären die Züge die folgenden:

4, 5	nach	7, 8
1, 2	"	4, 5
3, 4	"	9, 10 (Abweichung)

Mit 2 Paaren ist die Aufgabe unausführbar.

265

267

a. b. c.

270

a) 3 Billionen Streichhölzer
b) 300 Millionen Mark

271

a) 5 Millionen Streichhölzer
b) 250 km

272

a) 400 Quadrate
b) 840 Streichhölzer
c) 400 Mill. Quadrate
d) 800 040 000 Streichhölzer

273

22 686

274

a) 254 Mill. Streichhölzer
b) 400 Mill. Streichhölzer

275

1 099 511 627 775 Streichhölzer
10 995 116 Mark 28 Pfennig

276 2736,86 Jahre

277 58

278 a) 49,95 km
b) 9,99 Stunden
c) 49 999 950 km
d) 1140,8 Jahre

279 10 561$\frac{3}{5}$ Jahre

280 7500 Mill. Streichhölzer

281 a) 20 000 Streichhölzer
b) 1,6 Meter.

282 a) 950 642$\frac{3}{5}$ Jahre
b) 2 Min. 462$\frac{2}{3}$ Sek.

283 50 Mill. Streichhölzer

284 a) 15 000 Schachteln (vgl. Nr. 273)
b) 6000 Streichhölzer

285 a) 5000 Billionen Streichhölzer
b) 13 689 253 Jahre 341¾ Tage
c) 10 Mill. Wagen
d) 100 000 km (2½mal den Umkreis der Erde)
e) 41⅔ Tage

*

Zu Ende ist das Spiel
Zu Ende ist auch das Buch;
Belohnt wär' mein Versuch,
Wenn beides dir gefiel.

Ss. Tt.